多文化共生の学校づくり

横浜市立いちょう小学校の挑戦

山脇啓造 + 横浜市立いちょう小学校

【編】

明石書店

多文化共生の学校づくり――横浜市立いちょう小学校の挑戦／目次

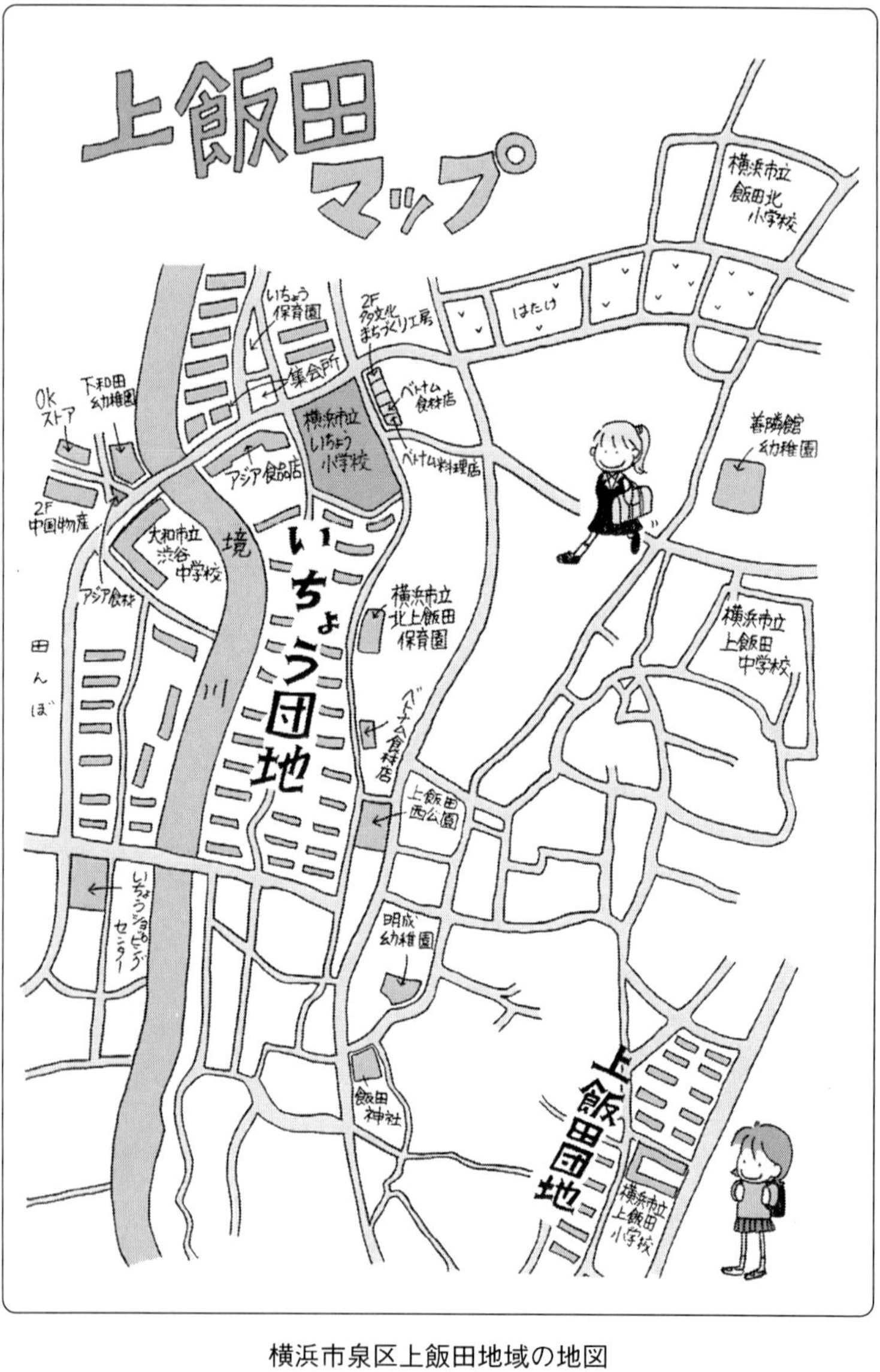

横浜市泉区上飯田地域の地図

はじめに──いちょう小学校の概要

金野邦昭（校長）

横浜市立いちょう小学校は、横浜市泉区上飯田町の神奈川県営いちょう上飯田団地の中にあり、子どもたちはそこから通学しています。

いちょう小学校の正門

かつては、田園風景の広がる農村地帯でしたが、昭和四〇年代に団地が建設され、急激に人口が増加しました。そして、人口の増加にともない昭和四八年五月に本校は当地に開校しました。

一時期は、児童数二〇〇〇名を超える大規模校でしたが、現在は、児童数二一五名の小規模校になっています。

いちょう小学校の特色の一つは、外国につながる児童（外国籍児童および外国にルーツのある日本籍児童）が多数在籍することです。外国につながる児童が増えた背景には、中国帰国者家族やインドシナ難民の呼び寄せ家族の方々が、徐々にいちょう団地に住むようになったことがあります。

外国籍児童は、平成元年頃から増え始め、現在は八一名が在籍しています（表1参照）。全校児童に占める外国籍児童の割合は三八%で、外国につながる児童全体では五三%になります（表2参照）。こうした特色を生かして、いちょう小学校では、国籍や民族の異なる子どもたちが、互いの違いを認めながら共に学ぶ多文化共生の学校づくりをめざしてきました。

　外国につながる児童の多くは、日本で生まれ育っているか、日本での生活経験が長いため、日常会話には困りません。教師とのやりとりにも不自由を感じることはあまりありません。しかし、在籍学級での学習に参加するために必要

表1　全校児童数・外国籍児童数の推移

年　度	平成5	平成6	平成7	平成8	平成9	平成10	平成11	平成12	平成13	平成14	平成15	平成16
全校児童数（人）	383	346	297	271	241	223	215	224	230	232	213	215
外国籍児童数（人）	26	31	43	40	37	49	64	66	67	74	76	81
全体に占める割合（%）	7	9	14	15	15	22	30	28	30	31	36	38

表2　外国につながる児童の在籍状況　（単位：人）

国　名	1年		2年		3年		4年		5年		6年		合計	
ベトナム	15	2	8	1	11		7	1	2	1	3		46	5
中　国	2	4	1	3	5	4	1	3	6	5	7	6	22	25
カンボジア		1					3				3		6	1
ラオス		1	2							1	1		3	2
フィリピン			1			1							1	1
タイ							1						1	
ブラジル					1								1	
ペルー	1												1	
計	18	8	12	4	17	5	12	4	8	7	14	6	81	34

＊左：外国籍児童数　右：外国にルーツのある日本籍児童数
（表1、2とも平成16年5月1日現在）

な日本語（学習言語）をきちんと身につけていない児童もおり、そうした児童には「読む力」や「書く力」を中心とする、学習に参加するために必要な日本語の力をつけるための支援を行っています。

　また、年に二～三人、日本語がまったくわからない状態で編入学してくる児童もいます。中国、ベトナム、カンボジア等から、日本語を学ばずに来日する児童で、初期段階からの日本語指導を必要とします。

地域で外国籍児童教育

横浜・上飯田地区４校連絡会

博報賞

国際理解教育、文科大臣奨励ダブル受賞

４校児童生徒交流会でおしるこが振る舞われた＝いちょう小学校提供

新 教育の森

　教育活動で優れた業績をあげた団体や個人に贈られる第34回「博報賞」（博報児童教育振興会主催）の03年度の受賞者が決まり、県内から、国際理解教育部門で「横浜市泉区上飯田地区外国人児童生徒教育４校連絡会」が選ばれた。受賞者の中でも特に奨励に値するとして「文部科学大臣奨励賞」もダブル受賞。贈呈式が14日、東京都千代田区の如水会館で行われた。

　４校連絡会は、外国籍の児童、生徒が多く在籍している横浜市泉区上飯田地区の同市立いちょう小、飯田北小、上飯田小の３小学校と、その主な進学先となる同市立上飯田中学校の計４校で構成される。

　同地区の県営いちょう団地には、隣接する大和市のインドシナ難民定住促進センター（98年に閉鎖）で研修を受けた難民をはじめ、多くの外国籍の住民が暮らしている。団地内にあるいちょう小学校では、全校児童213人のうち76人が、ベトナム、中国、カンボジアなどの外国籍だ。

　「日本語の会話は問題なくても、読み書きの習得が不十分という子供が多い」。４校連絡会の代表を務める同小学校の服部信雄校長は、児童らが直面している問題点を挙げる。日本語力の向上や学習支援のあり方、一方で母語をどう保持していくのか。共通の課題を抱えた４校が、地域とも連携して多文化共生の教育を進めようと、98年に連絡会を発足させた。

　保護者や自治会、NPO（非営利組織）の協力も得て、日本語教室や母語による読み聞かせ、各国の遊びや料理を紹介する４校児童生徒の交流会を開くなどの活動をしてきた。事務局を担当する同小学校の金子正人教諭(37)は「国籍、小中校生を問わず、皆が一緒に交流できるオープンな場にしたい」と話す。

　多角的なネットワークづくりと地域性を生かした取り組みが「先駆的な実践」と評価され、受賞につながった。服部校長は「地域と４校が一体となってつくり上げてきた活動が評価され、感激している。学校だけでなく、地域のみんなでいただいた賞。今後も結びつきを深めていきたい」と笑顔で語った。【川久保美紀】

毎日新聞　2003年11月15日

　編入当初は戸惑いや不安もあるのですが、母語のわかる日本語教室の先生の指導を受けたり、同じ国にルーツをもつ友だちの助けをかりたりして、元気に登校しています。日本人児童も言葉のわからない児童を温かく受け入れています。

こうした実態をふまえ、本校では、全職員による協力指導体制（全校ＴＴ体制）を基盤に、「子ども一人ひとりが安心して、豊かに生活できる学校づくり」を目指してきました。また、広く学校を開き、地域関係者はもとより、ボランティア団体や大学関係者、近隣の三校（上飯田中、上飯田小、飯田北小）、幼稚園、保育園とも連携して、子どもたちのより確かで豊かな育ちを支える体制づくりを推進してきました。

少子高齢化や人口減少、さらにグローバル化の進展の中で、今後、日本における外国人の受け入れが本格化することに伴い、どの学校現場でも本校と同じような状況が生じてくることが予想されます。五年後、一〇年後の学校の在り方を考える上で、本校の取り組みがなんらかの参考となれば幸いです。

第一部　多文化共生教育フォーラム in いちょう小学校

ぜんこうえんそく　5月

平成16年５月12日

関係者の皆様

横浜市立いちょう小学校
校長　金野邦昭

多文化共生教育フォーラム in いちょう小学校

～外国人児童生徒も日本人児童生徒も安心して通える学校づくり～

1，趣　旨

外国人児童生徒が在籍する学校は珍しくなくなったが、彼らに対する支援体制は十分ではなく、言葉の問題などから学習に参加できない子どもや、生活習慣の違いなどから不安を抱えている子どもは少なくない。そこで、外国人児童生徒が日本人児童生徒と共に安心して通える学校の在り方を、現在の取組をもとに、学校関係者だけでなく、自治会、教育委員会、研究者、行政、そしてボランティアの方々などと共に協議し、今後の取組につなげていきたい。

2，日　時　平成16年６月26日（土）13：00～16：50（受付12：00）

3，場　所　横浜市立いちょう小学校／いちょうコミュニティハウス

4，対　象　外国人児童生徒教育に興味関心のある教員・ボランティア・研究者・日本語指導協力者・行政・教育委員会関係者・自治会関係者・学生等

5，内　容

【全体会】　趣旨説明　金野邦昭（いちょう小学校長）
本校からの発信　金子正人（いちょう小学校）

【パネルディスカッション】

「外国人児童生徒も日本人児童生徒も安心して通える学校づくり」

パネリスト：服部信雄（前いちょう小学校長）　福山満子（いちょう小学校PTA代表）
伊藤　学（上飯田中学校）　早川秀樹（多文化まちづくり工房代表）

コーディネーター：山脇啓造（明治大学教授）

【分科会】

第１分科会：「全職員による協力指導体制＝全校 TT」
コーディネーター：服部信雄
事例報告①：竹下　護・大友裕子（いちょう小学校）
コーディネーター：栗原正行（いちょう団地連合自治会長）
坂本利恵（いちょう団地連合自治会事務局長）

第２分科会：「ボランティア・大学との協働」　コーディネーター：金子正人
事例報告①：森　愛子（いちょう小学校）　齋藤ひろみ（東京学芸大学助教授）
事例報告②：高橋　亨（いちょう小学校）　早川秀樹
小林徳子（NPO 法人かながわ難民定住援助協会事務局長代行）

第３分科会：「母語や文化を大切にした取組」　コーディネーター：山脇啓造
事例報告①：伊藤　学　小室美恵子（上飯田小学校）
事例報告②：山田　昭（いちょう小学校）　福山満子

「多文化共生教育フォーラム」の案内

1 「多文化共生教育フォーラム」について

金山尚子
（副校長）

本校は、外国につながる児童が多数在籍するという特色を生かして、保護者や地域はもとより、学習支援者やボランティアの方々と手を携えて、多文化共生の学校づくりを推進してきました。そのためか、ここ数年、本校の教育活動を参観される方々が増えています。このことは、本市のみならず多くの地域において、多文化共生をめざした教育の推進を図ろうとする学校が増えていることを示しているともいえます。そこで、平成一六年六月二六日、「多文化共生教育フォーラム in いちょう小学校」（以下フォーラム）を開催しました。

フォーラムには、市内はもとより関東周辺から、また、愛知・大阪・岡山・長野・新潟・秋田等の遠方から総勢一八〇名の参加がありました。参加者は、教員、学生、研究者、ボランティア、福祉関係、国際交流協会、教育委員会、行政、保護者、地域、報道関係の方々と幅広く、今更ながらその関心の高さに驚きます。

土曜日の午後、蒸し風呂のような体育館の中で、熱心な討議が進められたことを思い出します。終了後も報告者やコメンテーター・パネリストのもとに集まって熱心に質問や名刺交換をされる姿がありました。

ご参加いただいた皆さんから、温かい励ましのお言葉や本校教育活動への貴重なご意見をいただくと共に、多文化共生の学校づくりについて語り合えたことを、心から感謝したいと思います。

フォーラムを振り返って

本校教育実践の発信を通して、私たちは、本校の教育活動を見つめ直し、その成果と課題を確認することができました。ややもすると曖昧になりがちな活動と活動とのつながりを明らかにするとともに、学校内外における協力指導体制のより一層の充実に向けて、共通理解を深めることができたことは、今後の本校の教育活動に大きな力となると確信します。

また、参加者の皆さんと共に地域という大きな枠組みの中で子どもたちを見つめ、教育を語り合い、育てていくことの大切さを実感し、想いを強めることができたことは大変有意義でした。

本校の抱える課題は、実に多岐にわたっています。私たちは今一度、本校の子どもたちの実態や課題を分析・整理し、子どもたちにつけたい力をさらに明確化・重点化していくことが必要です。

重点化にあたっては、本校職員だけでなく、学習支援者やボランティアの方々、さらには幼稚園・保育園、中学校、高校、「いちょうのまち」の方々と共に、子どもたちの将来に目を向けて、「育てるべき、いちょうっ子の力」について語り合うことが重要です。

フォーラムを終え、あらためて、日々の教育活動を大切にしながら、「いちょうっ子の実態に即した重点的・系統的・横断的に内容配列された教育課程（指導計画）の再編成」、「一層の全校TTを推進しながら、少人数指導をはじめとする多様な学習指導の工夫」に取り組むことが急務であるとの想いを強めています。

日々の教育活動を大切にしていくには、その理論づけをしていくことが重要です。そのためにも、確認・評価がなされなければなりません。確認・評価は、よりよい手だてを生み出すとともに、次なる新たな活動を生み出す大きな力となります。今回のフォーラムが本校の教育活動を確認し、評価し合う貴重な場となったことは言うまでもありません。今後は、さらに確認・評価を大切にしながら、より価値のある教育活動を創り上げていきたいと思います。

また、「学校でなければできないこと」、「地域ができること」、「行政に期待すること」についても明確にしながら、「まち」とともに現状を一歩ずつ改善していきたいと考えます。そうすることが、子どもを育て、子どもたちの未来を切り拓くことにつながると信じます。

子どもたちの未来とアイデンティティ

子どもたちが育つためには、子どもたちが安心して生活できることの保障がなければなりません。安心して生活できるということは、「自分の居場所」があるということです。自分の大切さが確認でき、自分に自信がもて、自分の未来に夢や希望がもてるということです。

しかし、自我の芽生えとともに、自分の置かれている現状に夢や希望をみいだせなくなり、現実から逃避しようとする子どもたちも少なくありません。外国につながる子どもたちの中には、日本の生活に慣れ、日本語を覚えるほどに母国の文化や言葉を失ったり、隠そうとしたりする子も現れます。

中国につながるAさんが自らの体験を綴ってスピーチコンテストに出場した姿を見たAさんのお母さんは、「ぼくは中国人ですとはっきり言い切ってくれたことが、一番嬉しかった」と語っています。彼のスピーチの冒頭部分を引用したいと思います。

ぼくは中国人です。中国という国をもっています。だけど、日本という国ももっています。それは、日本で生まれ、育ち、そして、日本が好きだからです。そう、どこの国の人でも、その国やその国の人を好きになれば、その国をもつことができると僕は思います。

私たちは、Aさんの生きる姿勢を大切にしたいと想います。本校の保護者が中心となって運営している「親子の中国語教室」のような、アイデンティティの確立を支援していく活動は、今後さらに充実発展させていく必要を強く感じます。子どもたちが自分の国の言葉や歴史・文化を大切にし、自分の存在を肯定し、互いの違いを認め合い、そのよさを受け入れ合いながら、たくましく生きていくことを願ってやみません。

おわりに

フォーラムにおいて皆さんからいただいた、たくさんの勇気と知恵を宝物にして、誰もが安心して夢や希望をもって豊かに生活できる学校づくりを、今後もめざしていきたいと思います。

今回のフォーラムを通して広がった多文化共生教育のネットワークを、今後の教育活動に生かし、つないでいきたいと思います。互いに知恵と勇気と熱い想いを共有し合いながら、共に研鑽できれば幸いです。

2 パネルディスカッションの記録（平成一六年六月二六日）

山脇 それでは、これからパネルディスカッションを始めたいと思います。まず、パネリストの皆さんに簡単なご挨拶をお願いいします。

服部 平成一三年一月から一五年三月まで、いちょう小学校校長として勤務しました服部です。今日は、参加者が神奈川全域、東京、千葉、埼玉、福井、長野、岡山など、全国からご参会いただけたことに感謝したいと思います。同時に、外国人児童生徒教育に対する関心の高さと広がりとを感じます。皆さんがこれをきっかけにネットワークを築いていただければうれしく思います。業種を超えて、多文化共生について語り合えたらと思います。

福山　一昨年度からいちょう小学校ＰＴＡ代表を務めています福山です。代表は三人いて、他にベトナム出身の桜井さんと日本人の本田さんと一緒に代表を務めています。中国出身で、今は下の子が六年生です。

早川　「多文化まちづくり工房」という団体の代表をしています。いちょう小学校の校門前に事務所を開いて、子どもたちへの支援を続けてきました。活動に制限はなく、何でもやるつもりでいます。

伊藤　上飯田中学校教諭の伊藤です。国際教室を担当していますが、小学校の先生方に後押ししてもらいながら進めています。自分が暮らしてきた大事な場所がこの地区なので、頑張っていきたいと思います。

山脇　それでは、さっそくパネリストの皆さんにいくつかお尋ねしたいと思います。まず服部先生にお聞きします。このパネルディスカッションのテーマは、「外国人も日本人も安心して通える学校づくり」ですが、安心して通える学校というのは、服部先生にとってどんな学校でしょうか。

服部　いちょう小学校で勤務を始めたころ、三年生の女児で学校に来たがらない子がいました。その子のお母さんと手紙でのやりとりを始めました。今考えれば、家庭での安心感が十分ではなかったのだろうと思います。そして学校でも、不安だったのでしょう。これは、日本の子のケースでしたが、外国の子のケースでは、来日直後で、日本語が話せなく、目も合わせられず、不安そうにしていた姿が思い起こされます。健常な子、障害がある子、外国の子、すべての子が今、不安な思いを抱く状況があるのだろうと思います。こうした状況にある子どもたちが、そんな不安を解消できる学校が大事でしょう。それには、先生方も安心して仕事ができなければ無理です。誰もが安心して、気持ちよく過ごせる、そうした場を作りたいと思っています。職員一人ひとりが、子どもたちが抱えている不安にどれだけ目を向け、寄り添い、それを解消するための手立てを考えていくことができるのか、ということが大事なのだと思います。

山脇　いちょう小での二年三ヵ月の間に、特に力を入れてきたことは何でしょうか。

服部　一人の先生よりも二人、二人よりも三人、と大勢の先生が自分のことを見ていてくれる、悪いことをしたら叱られるけど、いいことをしたら褒めてくれる、そういう関係を作っていくことが大事だと考えました。いちょうの職員は、皆非常にしなやかな方ばかりでした。

思いを語る服部前校長

私が着任した直後、卒業式についての話し合いの時に、計画では四、五、六年生だけでの卒業式でしたが、私の全校卒業式の投げかけを受け、その年の卒業式から全学年参加で行うことになりました。こうした先生方なら、担任がクラスを見るだけではなくて、学校の教師全員で子どもたちを見ていくという指導体制が作っていけそうだと思いました。もちろん、担任の先生が中心ですが、管理職も他のクラスの担任も事務職員もみんなで子どもたちを育てるような、子どもたちをみんなで見つめ、寄り添っていくという方向を共有でき、実際に教育実践として具現化できたと思います。そうした、システム作りをめざすことの重要性を実感しました。

山脇　四月から教育委員会に移って、小学校を客観的に見る立場に立つことになったと思います。そうしてみた時に、いちょう小学校について、その良さやあるいは改善すべき点についてあらためて思われたことはありますか。

服部　今日のフォーラムの受付の様子を見てもらってもわかると思いますが、職員が皆、温かく、そしてオープンです。PTAの皆さんもそうです。そうした雰囲気を作り出せるのがいちょう小学校の財産だと思います。職員が時間的にも、体力的に厳しい時にも、他の職員がフォローしていく関係性もあります。一方、職員集団としては、熟成しつつあると思いますが、それぞれは、日々作っている授業についてももっと授業力を高めたい、子どもたちの支援の仕方についても力を高めたいというような、教育の専門家としての研鑽を望んでいるだろうと思います。また、PTAの皆さんは、非常に忙しくしています。そうした保護者の方々に学校に足を向けてもらうための工夫は、今後も大きな課題となるでしょう。

山脇　ありがとうございます。それでは、次に福山さんにお尋ねします。福山さんは中国から日本に来られて、何年目でしょうか。中国から日本に来られて、現在までの経歴について簡単にお話いただけますか。

福山　私は母が日本人です。母と一緒に二六年前に来日し、そのまま日本の中学校に入学しました。その後結婚していちょう団地に住むようになりました。中学生の時に、「中国人」とからかわれたり、いじめを受けました。なので、子どもが小学校に入学しても、入学式と運動会以外には、学校に行きませんでした。私が学校に行くと、子どもも「中国人」といじめられるのではないかと心配でしたから。しかし、子どもの発表会などに少しずつ参加する機会があり、学校に行っても大丈夫だと思えるようになりました。

山脇　ＰＴＡに参加するようになったのは、どんなきっかけからだったでしょうか。

福山　ＰＴＡに初めて参加したのは、平成一一年でした。子どもが卒業するまでに、一回ぐらいは引き受けなければならないと言われて、ある委員を引き受けました。その後、当時の瀬野尾校長先生から役員にならないかと熱心に働きかけられました。それで、とうとう引き受けました。当時、私の日本語はめちゃくちゃでしたが、校長先生や飯村先生が引っ張ってくれて、なんとか一年間の仕事を終えることができました。しゃべっていることが伝わっていないような時にも、先生方は笑顔で励ましてくれました。ＰＴＡ役員をしてよかったことは、先生方が子どもたちのことをどれほどよく見てくれているかを、ＰＴＡとして通ううちにわかり、とても安心できたことです。その後、一年程、ＰＴＡの仕事から離れたことがありました。その時に、服部校長先生が家まで来て、役員を引き受けてくださいと強く依頼されました。その年は、学校の創立三〇周年の年で、非常に忙しかったです。それでも、いやなことはまったくありませんでした。外国の保護者にとって、ＰＴＡの仕事をするには、皆さん忙しいし、日本語にも困難があり、なかなか受けにくいと思います。しかし、今年、ベトナム出身の櫻井さんが引き受けてくださって、ベトナム語の通訳もしてくださるので、ベトナムの保護者の参加者がとても増えました。

山脇　外国の保護者がＰＴＡの役員を担当するのは、全国的に見ても珍しいと思いますが、現在、いちょう小のＰＴＡの構成はどうなっていますか。

福山　ＰＴＡの役員・実行委員は、日本八人、中国四人、ベトナム四人、カンボジア一人、ラオス一人となっています。今は、皆さん日本語ができなくとも、気にせずに学校に来て話し合いに加わってくれます。

山脇　ありがとうございます。続いて、早川さんにお尋ねします。まず、早川さんといちょう小学校との関わりについてお願いします。

早川　事務所で子どもたちへの学習支援を行っています。今後は、地域で育って大きくなった子どもたちを中心にした活動に切り替えていきたいと思っています。この地域では、外国の方の規模が大きいので、学校の外からの働きかけも大事だろうと思います。

４人のパネリスト

いちょう小とのかかわりは、以前は放課後にいちょう小の子どもたちと一緒に遊ぶ程度でしたが、昨年から、いちょう小の夏休みの学習教室で、支援者として関わるようになりました。そこから、はっきりした繋がりができはじめ、情報交換もできるようになりました。外国から親族訪問で来た子どもについては、私の側から学校に働きかけ、体験入学が可能になりました。それから、去年、学校の敷地にあるコミュニティーハウスに、国際交流室という空間ができ、そこでも補習教室を開いているのですが、そこを通して、接点が広がりました。その結果、子どもたちとの関係も作りやすくなりました。

山脇　今日は、会場にたくさんのボランティアの方々が参加しています。ボランティアの方からは、学校となかなかよい関係をつくれないという声を聞きますが、よい関係づくりの秘訣はありますか。

早川　秘訣は特にないです。率直に言って、私自身も学校と繋がることが難しい時期が長かったです。服部先生に校長先生が代わってても、なかなか挨拶に来にくかったのですが、初めてお会いした時に「ちょくちょく来てよ」と気さくに言われました。しかし、それでもなかなか簡単には足を向けられなかったです。しかし、今日までには、いろいろな経緯があり、今こうして関われるようになりました。例えば、区役所の会合で声を掛けていただいたり、保育園で集まって話し合う場で顔を合わせたり、このような小さな関わりの積み重ねが、関係性作りに寄与しているのだと思います。

山脇　ありがとうございました。今度は伊藤さんにお尋ねしますが、上飯田中学校にとって、早川さんはどんな存在でしょうか。

伊藤　四、五年前は、中学校と早川さんの関係はよくなく、学校内では「あの方はちょっと」というように言われていました。いちょう小学校のように、開かれた環境ができていなかった状況では、学校に入ってくる方に対して特別な見方があったと思います。私の場合、外国籍の子が夜どこかに行くという時に、よく「早川さんのところに行く」という返事が返ってきたので、一度訪問してみたことがありました。そこでは、学校でなかなか自分の居場所がみつからない子たちが、お喋りし、勉強し、ほっとする場を求めているのだなと思いました。学校の行事にも、早川さんはよく参加しくれるのですが、二年ぐらい前から話を始めました。そこで話題になったのは、子どもたちは二極化しているようだということ、つまり、学校でよくやっている子とそうではない子に二極化しているということです。いちょう小学校では元気に溌剌と過ごしていた子が、中学校では、自分の力を発揮することもできず、元気を失っていくということがあります。私は、そうした子どもたちについて、相談に乗っていくような場を作っていきたいという気持ちをもっています。それから、早川さんのところでは、外国の子だけではなく、日本の子も支援しています。それが、子どもの間での互いの認識を変えているようです。日本人が大嫌いだったと言う中国の子が、日本に対する見方を変えたこともあります。

山脇 いちょう小や上飯田中など地域の四校連絡会が、昨年博報賞（一一頁新聞記事参照）を受賞しましたが、どのような活動をしていますか。

伊藤 主に四校の国際教室担当者の間で情報交換を中心に進めています。それから、地域の幼稚園・保育園、高校、さらにボランティア団体などとの情報交換もします。今年は、教務を中心に、四校の全職員の交流を進めていこうとしていて、五月には、中学校の授業を三つの小学校の先生方に参観してもらいました。一一月には、中学校の全職員が、小学校の授業を見に行きます。

山脇 ありがとうございました。それでは、ここでフロアにいらっしゃるいちょう小と関係の深い地域の方々にご発言をいただきたいと思います。

栗原　いちょう団地連合自治会会長の栗原です。少子高齢化の今日、少ない子どもを地域で見守り育むことを基本としています。いちょう団地は通りをはさんで学区がいちょう小と飯田北小の二つに分かれていますが、学区の壁を超えて子ども会を組織し、「子どもフェスティバル」など、企画段階から子どもたちと共に取り組んでいます。敬老会や団地祭りなどの地域の行事でも子どもたちが活躍できる場づくりを心がけ、学校の先生方にもご協力いただき、開催してきました。また、保護者懇談会や公開授業などの学校行事にも多く参加してきました。数々の積み重ねが今日の地域と学校の信頼関係につながっていると思います。

木村　「中国獅子舞泉の会」の代表の木村です。台湾出身で、いちょう小のＰＴＡ会長も務めました。私がＰＴＡ会長の頃は、外国人の子は、自分の言葉を話したくないという状況がありました。自分の子どもにそういう劣等感をもって欲しくないと思いました。そこで、自分の文化を伝えていかなければならないと考え、獅子舞を始めました。いちょう団地には、外国の方が大勢いらっしゃる。この文化を基に交流していくことができるだろうと思いました。また、獅子舞の活動を実際にしているのは子どもたちですが、子どもたちの育成にとっても、とても意味があると思いました。獅子舞は、今では団地だけではなく区の支援もいただいています。パネリストのお話を聞いて、多文化共生は、皆さんの力を借りなければ実現できないと思いました。

大庭　横浜市泉区役所の地域振興課の大庭です。区では、平成一四年度から関わってきて、いちょう地区

フロアから発言する木村元ＰＴＡ会長

の状況を知り、こうした多文化共生の活動の重要性を認識するようになりました。今日のフォーラムを参考に、行政としてどのような関わり方が可能か考えたいと思います。

山脇　それでは、ここでフロアの皆さんから質問を受け付けたいと思います。

質問　神奈川県の社会福祉協議会の高橋です。伊藤先生の話にあった、いちょう小で元気だった子が、元気がなくなったりして二極化してしまうという話についての質問です。どうして、そうなってしまうのか、もっと知りたいと思います。

伊藤　三つの小学校から一つの中学校に来た場合に、日本人の割合が大きくなって、バランスが変わることによるものも考えられると思います。それから、学習面で苦しくなっていくことが考えられます。ある時、突然部活動をやめる、そして顧問の先生に「ぼくは勉強がしたい」ということがあります。親は大学に行けというらしいが、実際に学習の支えがどのようになされるのかという問題もあります。思春期になり、これまで声に出せたことが出せなくなっていくこともあります。例えば、「父親は何々人だ」というようなことも。

早川　原因を特定することはできないが、学習面が大きな要因だと思います。受験が目の前にぶらさがり、行き詰まることがあります。周囲の日本人生徒との間に、距離が生じるようです。それは、生活スタイルが関わっていると思います。日本の子が塾に通っていても、外国の子は家庭環境が大変で、塾に行けない場合が多いです。

質問　いちょう小では、とりわけ外国の子によい学習環境を創っていこうとされたと思いますが、そこで教育の軸としたのは何であったのかを伺いたいと思います。言葉の力を高めるための国語教育なのか、算数なのか、それとも、言葉と関わらない体育や音楽でしょうか？

服部　決して外国につながる子どもだけを対象にして教育実践を考え、行ってきたのではないことを、まずご理解いただきたいと思います。何を中心にしたのかと考えると、子どもたちのすべてを受けとめていくということだったかもしれません。朝からの子どもたちの一日を、すべての局面で、すべての時間帯で、すべての場で受けとめ、寄り添ってきました。確かに、外国につながる子に対しては、取り出しの国際教室での授業実践は重要でした。しかし、在籍学級での取り組みとの関わりがなくては国際教室での学習が価値をもちません。子どもたちを丸ごと抱えて、その子その子に応じたねらいをもって、対応してきました。

山脇　最後にパネリストの皆さんから、一言ずついただきたいと思います。

伊藤　上飯田中学校に来て、初めて国際教室の担当になりました。今まで、いろいろな先生やいろいろな地域の方々との出会いがありました。そうした繋がりを大事にして、これからも取り組んでいきたいと思います。

早川　今日はいちょう小学校との関わりについて話をしましたが、基本的には、学校の外側で活動しています。時間的にも空間的にも、学校が終わってから、卒業してからの子どもたちへの支援を考えていきたいと思います。学校の外側には、外側ならではの活動があると思います。しかし、だからといって、学校と関係をもたずに、単独で活動するのではなく、学校と繋がっていくことによって、より豊かな支援になるのだろうと思います。とにかく、繋がっていくことが、私のようなボランティアの組織には重要だと思います。

福山　子どもたちの母語教育にこれからも力をいれていきたいと思いますが、中国語教室で困っているのが教材です。よい教材があれば、紹介してください！

服部　信頼される学校づくりが、今、求められています。学校がそれをどう受け止めるか、職員がどれだけその点について話し合っているかが重要だと思います。そこで鍵になるのは、まずは職員の「人」としてのあり方かもしれません。自分の立場で、子どもたちが豊かな学校生活をおくるにはどうしたらいいのかをそれぞれが考え、それを交換しあうこと、そうした場を仕組みとしてつくっていくことが大事なのだろうと思います。

山脇　最後にコーディネーターとしての感想を三点、申し上げたいと思います。第一に、九〇分のパネルディスカッションでは、いちょう小学校の良さを十分には伝えられなかったかもしれません。しかし、今回のように、学校が主体となって「多文化共生教育」の発信をすること自体が、非常に大きな意義があることだと思います。それが可能になったのは、校長先生のご理解と教職員の皆さんの熱意があったからこそと思います。第二に、いちょう小学校は、何よりも開かれた雰囲気がすばらしいと思います。私は、今まで外国につながる児童生徒の多い学校を数多く訪ねましたが、いちょう小のようにオープンで明るく活気あふれる職員集団は珍しいと思います。最後に、四校連絡会は、最初は国際教室の担当教員のつながりでしたが、今年になってから、四校の教員全体の繋がりへと広がりつつあります。これから、この地域での多文化共生教育の次のステージが始まることに、おおいに期待したいと思います。

第二部　多文化共生の学校運営

おみせやさんごっこ　11月

第一章　学校経営の視点

1　地域との連携をめざした学校づくりを振り返って

瀬野尾　千恵
（元校長）

はじめに

一九九八年四月一日から二〇〇一年一二月三一日まで、私は、横浜市立いちょう小学校の校長として勤務しました。その後、二〇〇二年四月一日からは、ドイツ連邦共和国ノルトラインヴェストファーレン州デュッセルドルフ市の日本人学校校長として勤務しています。

私が海外日本人学校の勤務を希望した理由は、いちょう小学校での経験と無関係ではありません。外国につながる児童の多い公立学校という、日本では珍しい学校でしたので、学校運営上さまざまな困難があったことは確かです。しかし、その困難を乗り越えられたのは、すべて周囲の尽力のおかげでした。

海外の日本人はどのような対応を受けているのだろうか、今後、日本が外国人を多く受け入れるようになるとすれば、人の好意に頼るだけでは限界があるのではないか、もっと体制を整える必要があるのではないか、と海外に学ぶことの意義を意識したのです。

着任した時の状況

私が校長としていちょう小学校に着任した時の状況を箇条書きにすると、以下のとおりです。

（1）外国につながる児童を取り巻く状況

①編入・転入学時の所属学年…日本語能力の違い、それまでの成育歴などから年齢相当の学年に配属することが困難な例が多数あった。

②習慣・文化の違いによる衝突…外国出身であることを隠すため母語は使わない子、悪意は無くとも習慣や文化的背景の違いから生じる喧嘩が毎日絶えなかった。

③ストレスの爆発…国際教室や日本語教室はストレス解消の場であり、日本語学習は成立しがたい状況であった。

（2）外国につながる児童の保護者を取り巻く状況

①PTA活動、学級懇談会など自国には無いため、その意義が理解されにくい。

②外国出身者であることを隠しているので、学校へ行って話しかけられるのが怖い。

③学校に行くことは仕事を休むことであり、解雇の対象になる。

（3）担任を取り巻く状況

①学習内容が定着しない…今日はよくわかったと思っても、翌日はすっかり忘れている。

②連絡事項が保護者に伝わらない…その国の言葉に直しても読めない大人もいる。

③習慣の違いから保護者が指導方法に不満を持つ…教師はなぜ殴らないのか、甘すぎる。

（4）学校運営上の困難な状況

①PTAの存続が難しい。

②授業参観・学級懇談会への参加者が少なくて成立しない。

③諸連絡及び子どもの評価を親に伝えられないため、家庭と連携しにくい。

④地域はこれ以上外国出身者が多くなることに消極的である。

⑤同国人同士でも宗教・政治的背景の違いから、必ずしも連帯意識があるとはいえない。

一年目の取り組み（「わがまちの学校づくり支援事業」）

以上のような学校が置かれた状況を、私はポジティブに捉えました。「特色ある学校づくり」を求められている時、これほど特色のある学校はほかにはないとむしろ喜んだくらいです。多国籍の児童がいるということは、次のような利点があると受けとめたのです。

①一人ひとりの児童に応じた教育のあり方を根本的に見直し、実践することができる。

② 異文化・多文化の中で国際理解、国際教育を実践できる絶好の機会である。
③ 「友だちの国ではどうなのか」という身近な視点から、今日的な課題をグローバルな視点で考える場をもつことができる。

子どもたちを取り巻く状況の中で一番心を痛めたのは、自分が外国出身であることを隠しているということでした。たとえ母語を話せても話せないふりをしていると知った時、まず、学校の中で、自分の話しやすい言葉を自由に使える環境を作ろうと考えたのです。台北日本人学校から帰ったばかりの金子教諭や、長いこと国際教室を担当していた大泉教諭に中国語で話しかけるようお願いしたり、教師がベトナム語やカンボジア語を習ったり、就学時説明会の時、高学年の児童に通訳を頼んだりして、二つの国の言葉を話せることは素晴らしいことなのだという誇りを子どもたちにもたせました。その上で、学校を共生の発信源にして、地域に友好の輪を広げていこうと考えたのです。

一九九八年に、横浜市教育委員会が新規に設けた「わがまちの学校づくり支援事業」に申請し、一年目は五〇万円、二、三年目は三〇万円の財政援助を受けました。テーマは「年齢・国・心のバリアフリーをめざして」です。とにかく、大人も子どもも、国の別なく心を開く地域でありたい、という願いを込めたテーマでした。

この財政援助は本当に助かりました。私は職員と相談して、地域と学校の繋がりをつくる媒体として畑作りを選びました。学校の近くに畑を借り、お世話していただける方を連合自治会長から紹介していただき、耕運機を購入し、野菜の苗や球根を購入することができました。また、地域の様々な行事に子どもたちが参加したり、教職員やＰＴＡで模擬店を出す時の活動資金や運転資金ともなりました。何より助かったのは、ボランティアや外部講師を安心してお願いできたことです。

このように、校長が教育目標を実現するために自由に采配できる運転資金をもつことは必要です。しかし、消耗品費や教材費等の運用は可能ですが、人件費まで校長裁量ではできない状況でした。したがって、私は、他にも外部支援者を確保するため、「学校運営補助員制度」など、横浜市が実施していた制度を活用して財源を得ました。また、コンピューターを活用することが、国際教室に通う子どもや学習に興味関心をもてない子どもたちに有効であるとわかってからは、「松下視聴覚教育財団」に申請し、一年目に一〇〇万円、二年目に七〇万円の援助を得ることができました。この資金でパソコンを購入したり教育ソフトを充実させるなど、コンピューター教育面の強化を図りました。

「わがまちの学校づくり支援事業」に取り組んだ成果は、取り組みの一年目に学校運営の基礎を築き、その後、徐々に拡大していくことができたということです。すなわち、地域と学校の繋がりができました。連合自治会の役員とは勿論のこと、敬老会、青少年指導員、体育指導員、主任児童委員や民生・児童委員の方々と懇意になりました。

その後、二年目に向けて地域との関係を生かした「わがまちの学校づくり運営委員会」の組織を立ち上げました。本運営委員会の目的は、「年齢・国・心のバリアフリーをめざして」、学校の取り組みを支援する組織でしたが、畑作や学校の行事を支援するばかりではなく、学校内外に関わらず、子どもたちの抱えている課題を共に考えていく場になりました。そして、学校外の協力者を受け入れる基盤が自然にできていきました。

私の学校運営方針と二年目以降の取り組み

一九九九年に向けて、私は以下のような学校運営方針を示しました。

(1) 子どもたちが明日も来たいと思う学校づくり

①「わかる」学習の実践

②自分をわかってくれる教師にどの子も出会える学校

③子どもが「できた」「やってよかった」「役にたてた」という気持ちになる活動の重視

(2) 内にも外にも開かれた学校づくり

①職員会議のオープン化・責任ある発言、自立した人間関係「和せど同せず」、自律

②教室のオープン化・協力教授体制、ブロック担任制、保護者参加、異学年合同指導

③「わがまちの学校づくり運営委員会」を軸にした学校と地域の連携促進

④幼稚園・小学校・中学校・大学研究者との連携促進

⑤　学校教育内容の説明…連合自治会での学校教育内容の説明・夜の懇談会・国別懇談会
⑥　外部指導者・ボランティアの積極的受け入れ…通訳付き家庭訪問・個人面談・教育相談等

（3）　教職員の資質向上

①　一人ひとりのニーズに応じた研修（パソコン習熟度別研修、カンボジア語習得研修等）
②　「わがまちの学校」の教師として、地域から信頼される教師を目指した自己研鑽

そして、一九九九年・二〇〇〇年に、上飯田地域の四校共同で文部科学省研究指定を受け、「外国人児童生徒が共に学ぶ学校づくり」をさらに深化、発展させることができました。この研究で、外国人を保護対象と見ていた視点が日本人と共に高め合う存在であるという認識に変化したことは特筆すべきことです。

本地域では上飯田地域にある三つの小学校とその三校の子どもたちが進学する一つの中学校が一緒になって共通の課題に取り組む組織ができつつありました。そこに横浜市教育委員会は、いちょう小学校をセンター校にして日本語教室を開設しました。このことは、外国につながる児童生徒の言語面の課題に対し、大きな支援となりました。しかし、中国、ベトナム、カンボジアのネイティブスピーカーの先生が運営する日本語教室に対して、一般教員が運営する国際教室の果たすべき役割や日本語指導の方法、日々の学習支援の仕方、生活適応指導の方法、担任と保護者との連絡の仲介など、まだまだ解決すべき問題はたくさんありました。したがって、共通の課題を抱えている四つの学校が一緒にその解決に向けて調査研究

をすることは大変意義のあることでした。

日本語教室に横浜国立大学の学生がボランティアで指導に来たことがきっかけで、大学の先生方との交流が始まりました。外国人の日本語の習得について東京外国語大学の伊東祐郎先生に講演していただいたり、東京学芸大学の佐藤郡衛先生や齋藤ひろみ先生に国際理解・国際教育の意義をご指導いただいたりしました。さらに、多文化共生の地域づくりを調査研究している明治大学の山脇啓造先生からは、本地域の今後の方向性についてのアドバイスを受けることもありました。

このように、多くの研究者のご指導をいただきながら、四校が協力して取り組んだ甲斐あって、日本語指導や生活適応指導に成果が現れ始めました。いちょう小学校の国際教室は二〇〇〇年には学びの場になっていました。また、国際教室担当者と担任の連携、ブロック担任制などの協力授業、異学年合同の習熟別学習、教育ソフト活用による文字指導や計算練習などで外国につながる子どもたちも学習に集中できるようになりました。「わかる学習」が定着してきたのです。

児童会活動が多くなる四年生以降になると、学力をつけた外国出身児童が委員会活動や児童会活動のリーダーシップをとっている姿が目立つようになりました。校外での国際交流に出かけて「感想は」と突然質問をされるような場合、日本人の子どもは恥ずかしがって何も言えないのですが、ベトナムやカンボジア、中国出身の子どもはすぐにマイクをもって、しっかりした言葉で率直に答えるのです。私は、本校の教育が外国につながる児童の立場に立ちすぎたのだろうかと考えずにいられませんでした。しかし、違

きょういく'99

神奈川・いちょう団地

外国の子増えたまた増えた

園児の８割、先生「もう限界」

保育園で

小学校で

共生目指し、子どもまつり

朝日新聞　1999年３月22日朝刊

います。外国につながる子どもたちは、それだけ努力していたのです。家でも、自由にテレビを見せてもらえず、毎日、家庭学習をしていたのです。忙しい時間の中から、民族楽器を習い続けていた子どももいましたし、地域の保護者から英語を習っていた子どももいたのです。外国につながる子どもたちは出身国の文化に誇りをもち、尚且つ日本の生活に適

きょういく'99

子どもは仲良し

団地を歩き、保育園や学校の教室をのぞいて感じるのは、子どもはみな仲よしだということだ。多少の混乱や課題はあるにせよ、それを乗り越えれば、子どもたちの共生ぶりに地域社会もこたえてゆくのではないか。そう考えさせられた地域の小学生の作文2編を紹介する。

横浜市立上飯田小3年

塚本龍（李龍）君

ぼくは一年生のときに、中国から日本にきました。日本語がうまく話せなかったから友だちができるかどうか心配でした。それに中国人とわかったらいじめられるかなと思って、なかなか話すこともできませんでした。そんなとき、みんなが休み時間に、ドッジボールであそんでいました。いっしょにやりたいなと思ったけれど ぼくは、「入れて」という言葉をしりませんでした。そこで、ぼくより早く日本語をおぼえたお姉ちゃんの教室へ行って何て言えばいいのか教えてもらいました。そして校庭へ行くまでの間、わすれないように何ども「入れて。入れて」とくり返しました。はずかしくてなかなか言い出せなかったけどいっしょにあそびたかったから、ゆう気を出して、

「入れて」

と大きな声で言いました。きっとそのときのぼくはほっぺたがまっかで、すごくきんちょうした顔をしていたと思います。

そのあと、どうなったと思いますか。じつは、へんじをしてもらったのだけれど、ぼくにはその意味がわからなかったのです。でもみんながわらってくれていたから多分いいんだなと思えて、何だかすごくほっとして、ぼくもやっとわらうことができました。

今ぼくは、中国人であることをかくそうとは思いません。それは友だちになるのに、なに人かどうかなんてかんけいないからです。（一部略）

■勇気出し、大声で「入れて」

横浜市立いちょう小5年

三河健太君

五年一組には、中国の友達五人、ベトナムの友達三人がいて、日本のぼくたちとなかよくしています。四年生の二学期の初めに、中国からお友達が転校してきました。王さんという女の子です。

王さんは日本語が全く話せません。どうしようか、なやみました。すると、先生が、「日本語を話せないから中国語をおしえてもらおう」と言いました。

「そうだ！」と思いました。

中国語や、王さんがしゃべった日本語をまとめて、クラスの辞典を作ることにしました。学習発表のテーマを「王さんとの三カ月」としました。表紙を王さんが作りました。ぼくたち一人一人の似顔絵と名前と特徴をとらえてかいてくれました。二年のとき中国から来た青山くんや[illegible]くんがつうやくとして活やくしてくれました。

王さんが初めて言った日本語は「ありがとう」でした。ぼくたちがふだん使っている言葉だけれども心に強く残りました。ぼくたちはみんなで王さんに、「シエイシェイ（謝謝）」と言ってかえしました。もし、いちょう団地に生まれなかったら、王さんに会えなかった。ここに生まれてよかったなと思いました。（一部略）

教わった中国語で「謝謝」■

応できる技能などを習得することで、将来の生き方に目標をもつようになったのです。

日本の子どもたちに元気がないように感じたのは、あまり努力しなくても、不自由を感じる生活をしていなかったので、勢いが違ったのです。私たちは、日本の子どもたちにも自国に誇りをもち、自分の生き方に目標をもつよう、意識しなければならないと思いました。いちょう小学校のよさは、外国出身の子どもたちに日本の子どもと同じように読み・書き・計算ができるようにきめ細かな指導を行うことです。一方、日本の子どもたちには一層の努力を促す必要を感じました。共通の基盤に立てる基礎学力がついた時、日本人と外国人が互いに高め合う存在になるからです。そこで、二〇〇一年度には、もう一度、子ども一人ひとりのニーズに応じた指導を見直し、外国につながる子もそうでない子も等しく基礎学力をつける取り組みをしました。

三年九ヵ月の成果

学校運営方針の具現化で、着任時の課題のいくつかは解決の方向に向かいました。

まず、自分が外国出身であることを隠そうとする子どもは少なくなりました。廊下からは中国語やベトナム語が聞こえるようになりましたし、一時的に外国につながる子どもが半数を超えたクラスの担任は、「もっと日本語で話をしてくれないか」と言うほどでした。子どもたちの喧嘩もめっきり少なくなり、学校が静かになりました。やむを得ない事情で入った超過年齢の子どもたちが上手に対応してくれたこともあります。また、母語のわかる日本語教室の先生の協力も大きな力になりました。

保護者の困難な状況は、夜の懇談会や通訳付きの家庭訪問・個人面談でほぼ解消されました。PTA活動についても木村さんが中国語でその意義を書いて知らせたり、国ごとに、教師と一緒に地域の国際交流会に参加したり、可能な人が可能なやり方で学校行事にお手伝いしていただいたり、家庭教育学級で自国の現状を話していただくなどの活動を通しながら、PTA活動の必要性を実感してくれたということもありました。

担任が抱えていた様々な課題は、学校全職員が全部の子どもを見ていくのだという雰囲気ができたことで、気分的に楽になりました。困難な課題を一人で抱えることがないよう常にブロックやチームで対応できる体制をとりましたし、国からスクールカウンセラーを配置していただいたことも大きな助けになりました。また、民生委員や警察と連携する必要がある大きな問題には、校長が自ら解決に取り組みました。学校が知りえた子どもたちを苦しめている問題に対して見て見ぬふりをしませんでした。教職員は、学校で正義や公正・規範意識を育てようと全員で対応したのです。「言いだしっぺが寂しい思いをしない学校にしよう」という合い言葉が教師の中から生まれてきました。ですから、誰かが言い出したことは、まず、みんなで「寄ってたかって」取り組んだのです。それから、意見を出し合ったという感じです。今思うと、本当に立派な職員集団でした。もう親から、「日本の教師

各国語で「卒業おめでとう」

泉区の市立いちょう小　6年生28人中　10人が外国籍

横浜市泉区の市立いちょう小で十七日、卒業式があった。同小は児童の約三分の一が中国、ベトナム、カンボジアなど六カ国の国籍を持っている。今年度の卒業生も二十八人のうち十人が外国籍。式では、日の丸に加え、六カ国の旗と国連旗も壇上に飾られ、女子児童が身にまとった伝統の民族衣装が式典に彩りを添えた。瀬野尾千恵校長は「いろいろな国の友人たちと一緒に小学校生活を送ることが出来たのは、卒業生にとって大きな財産になることでしょう」と門出を祝った。

アオザイ姿も

卒業式を終えて友人たちと歓談するグエンティ・ゴック・ティエンさん（右から2人目）＝横浜市泉区の市立いちょう小で

意思疎通へ助け合って　児童・教員に一体感

いちょう小の児童数は約二百三十人。そのうち約七十人が中国、ペルー、カンボジア、ベトナム、ラオス、インドネシアの国籍を持っている。日本で生まれ育った子もいれば、転入してきた子もいる。

通学区の団地に定住難民や中国残留孤児の家族が多く住んでいるため、外国籍の児童が多いという。約七十人のうち、半数程度は日本語の指導が必要で、国語や社会の時間などに通常の授業から一時的に離れ、国際教室と呼ばれるクラスで専門の教諭から特別授業を受ける。中国語やカンボジア語、ベトナム語が話せる非常勤講師もいる。

「日本に来たばかりの児童の中には、情緒不安定になる子もいます。保護者が日本語を話せず、意思疎通が図れないため、教員の中にも戸惑う者はいます。しかし、こんなにたくさんの外国籍の児童がいると、子どもが通訳代わりになってくれたり、教員同士も助け合ったりして、強い一体感が生まれるんですよ」と瀬野尾校長。

式であいさつに立った瀬野尾校長は、「チューフニー」（中国語）、「シンチュクムン」（ベトナム語）、「ソー・オウボウサトウ」（カンボジア語）と、各国語で「おめでとう」と児童や保護者に語りかけた。歌をうたっているさなかに感極まって泣き出す卒業生が続出した。

女子児童のなかには晴れやかな民族衣装を身にまとう子も。鮮やかな緑色のアオザイを着ていたのはベトナム国籍を持つグエンティ・ゴック・ティエンさん（一二）だ。

アオザイは、ベトナムに住む叔母に頼んで特別にあしらえてもらったものだとか。「最近やっと届いたんです。着るのは初めて。とてもうれしい」

小学校では授業で友達の国の料理をつくって食べたり、戦争の話を聞いたりしたことが有意義だったという。

将来の夢はアナウンサーになることだ。ティエンさんは日本で生まれ、日本語に不自由はないが、ベトナム出身の両親とはベトナム語で話す。「アナウンサーは生き生きしていてかっこいいし、ベトナム語も生かせると思うから」

卒業生のほとんどは近くの市立上飯田中にそろって進学する。

朝日新聞　2001年３月18日

はなぜ子どもを殴って指導しないのか」という不満は聞かれませんでした。子どもの変容が保護者の対応も変えたのです。

学習面でも成果が出ました。一番顕著な変化は習字の学習です。当時の国語主任と「来年から市書写展への出品はやめよう」とまで話していたほどでした。しかし、そうしたある日、本校に隣接するコミュニティハウスで指導していた西山先生から、子どもたちの習字指導の申し出がありました。なんという幸運かと、私は早速、お願いしました。教師も子どもと一緒に指導を受けながら指導方法を学びました。翌年、市書写展に出品した本校児童の作品を、私は大勢の見学者と一緒に見ました。前年とは比べようがないほど立派な字でしたが、周りの学校と比べると特別よいともいえませんでした。しかし、その次の年になると、出品前に見た児童の字に身震いするほど感動したので、展示会場に出張帰りに立ち寄り、全体を見た後、また自校の作品の前で何分間も動かずに見入ってしまいました。大きくて、のびのびした「ゆめ」という二文字を何度見ても感動したからです。

残された課題

新たな課題もありました。一つは、母語保持に、学校がどこまで関わるかということです。私は、教育課程内では無理があると考え、ボランティアの母語指導教室と協力する方法しかないと思いました。その際、プロもしくは系統立てて母語指導ができるグループか個人をお願いしたいと、理想的な形を求めましたので、具体的な場の提供ができませんでした。

二つめは、子どもや地域に住む保護者・大人への日本語支援に関することです。この面では学校が積極的に進めていましたが、時間が十分に取れなかったので、学校外の学習施設が必要でした。まず、ボランティアの方々には、土曜日や日曜日に休育館棟の使える教室を開放しました。また幸運なことに、プロの日本語指導者から、いちょう小学校の教室を使って、地域の外国につながる子どもたちに日本語指導をしたいと申し出がありました。この教室は、四校のまったく日本語を話せない子どもを対象にしましたので、この取り組みが、是非、継続発展していってほしいと願いました。

三つめは、地域との連携のあり方をもう一歩飛躍させたいということです。私にとって四年目の運動会の時、教員の人数が少なければ、準備や当日の用具係に地域の体育指導員が協力するとの申し出を連合自治会からいただきました。子どもの人数が減り、学校の運動会が少々寂しくなりかけていたので、私は、地域と一緒に運動会ができる方向を望んでいましたが、ここはまだ、教職員の同意を得られない部分でした。学校行事を地域と一緒にすることで、地域の大人が日々の生活の中で、子どもの指導に関わるようになる大きな機会と捉えていました。

四つめは、今後の地域を考えると一番大きな課題でした。行政との連携です。「わがまちの学校づくり運営委員会」は、その後、発展的解消したような形になり、必要に応じて区役所の方や保健所、時には警察の方と会合をもっていましたので、改めて協議会を開く必要がないくらいでした。しかし、組織としてきちんと取り組まれていませんでした。この面は、私はまったく何もできませんでした。

おわりに

私がいちょう小学校を去る時に一番願ったことは、次の校長先生が新たな課題を引き継ぎ、解決し、さらに発展させて欲しいということでした。服部先生はそのリーダーシップで、まだぐらついていた土台をしっかり固め、短期間に素晴らしい成果を挙げてくださいました。学校運営は校長一代限りのものではありません。校長は、地域の中の学校として果たすべき自校の使命を認識し、中長期計画を立て、見直しながら次へと引継ぐ責任があります。当時の金原自治会会長は、「校長、外国人の子どもが一八歳になった時に生活するこの地域に責任をもてますか」と私に問いました。私たちは、その責任を果たすことが、地域の中の学校の使命であると考えたのです。

2　「全校TT」をめざした学校づくりを振り返って

服部信雄
（前校長）

いちょう小学校との出会い

今でも初めていちょう小を訪れた日のこと、初めていちょう小の職員たちと出会った日のこと、そして、初めていちょう小の子どもたち（以後「いちょうっ子」と表現します）と出会った日のことを、はっきりと思い出すことができます。

瀬野尾前校長が年度途中でドイツ・デュッセルドルフの日本人小学校で勤務されることとなったため、私がいちょう小に着任したのは、平成一三年一二月末のことでした。

道を尋ねながら辿り着いたいちょう小は、冷たい空気に包まれた学校空間でしたが、きれいに除草・清掃されている校庭、中庭、花壇等に加えられている多くの人の手を感じることができました。また、笑顔で迎えてくださった先生方、案内された職員室の雰囲気に温かなものが感じられ、期待感を高めることができました。

迎えた新しい年の一月四日は、全職員との出会いの日でした。職員室での私のあいさつを笑顔で受けとめてくださった職員との出会いに、「小さな学校だからできること、少ない職員だからこそつくれること」を想い、学校づくりへの期待と希望を大きく膨らませていた自分がいました。

そんな私の期待・希望を、さらに大きく膨らませてくれたのは、五日のいちょうコミュニティハウスの開所式、連合自治会の新年会での地域の方々との出会い、翌日の連合自治会主催のクリーンキャンペーン、そして八日の着任式・始業式でのいちょうっ子たちの動き・姿・表情でした。

地域の方々の学校・いちょうっ子たちに寄せる期待と熱い想いの表出からは、これまで積み上げてきた学校の努力の大きさを感じることができました。また、国籍の違いを超え、屈託なく自己主張・自己表現するいちょうっ子たちの姿・表情に、職員が積み上げてきたいちょう小ならではの教育の成果を見ることができました。

いちょう小学校の魅力

着任して間もなくのこと、三年生と給食を共にする機会を得た時のことでした。同席したグループの男子があいさつを交わすと同時に、私に尋ねた言葉が忘れられません。「校長先生、ぼくはベトナム人だけど、校長先生は何人（なにじん）？」長い教師人生の中で、子どもにこのように国籍を尋ねられたことは初めてでした。同席した他のいちょうっ子たちも次々に「ぼくは～」「私は～」と自己紹介してくれたことが心に強く残っています。

一月後半の職員会議でのことも忘れられません。それは卒業式実施計画を協議している中でのことでした。私はいちょうっ子たち、そして、職員たちが日々の生活の中で醸し出す温かな雰囲気の魅力を語りながら、小規模校であり日常的に全学年のいちょうっ子たちがふれ合い、学年を越えて様々な活動をつくり出しているいちょう小における「いちょうっ子みんなでつくる卒業式」を投げかけました。来年度の実施を想っていた私を驚かせたのは、「本年度から！」と職員が応えたことでした。でき上がっていた練習計画・会場図、そして「旅立ちの詩」、それらをすべてつくり直していくことを決定した職員のしなやかさに感激しました。

八ヵ国の国旗が飾られた体育館での、一年生から六年生までのいちょうっ子全員でつくり上げた初めての卒業式は、まさにいちょう小ならでは、いちょう小でなければつくれない卒業式でした。

この他にも全職員が保護者・地域の方々と共に語り合う「夜の懇談会」「通訳を介しながらの個人面談」等、いちょう小ならではの魅力を実感させられる教育活動が続いていきました。いちょう小の魅力は、「みんなでいちょうっ子たちの多様性を受けとめ、一人ひとりを温かく指導・支援していこう！」と努める職員の協働意識の高さであり、また、職員の温かな支援のもと、国籍を越えてそれぞれに自己主張・自己表現しながら、共に生活をつくり、共に学んで行こうとするいちょうっ子の懸命な姿が多く見られることにあると言えます。

さらには、地域はもとよりボランティア団体や大学関係者との協働の基盤があり、「まち」と共につくる「夏祭り」「運動会」「団地祭り」、また、「かながわ難民定住援助協会」や近隣校と共に計画実施する「親子の日本語教室」、さらには大学関係者と共に進める「日本語指導・支援に関する協働研究」など、他校には見られない教育活動が実践・展開されていることが大きな魅力です。

いちょう小学校における〝協働〟

いちょう小のよさ・魅力を高め、いちょうっ子や保護者・地域に関する諸課題（次表）を解決していくために何よりも大切なこと・必要なことは、全職員がいちょう小のよさ・魅力を再確認するとともに、いちょう小の諸課題を共通理解することでした。

◇日本語及び学習言語習得に向けた指導支援の工夫
◇読み・書き・計算などの基礎・基本のより一層の定着に向けた指導・支援の工夫
◇基本的生活習慣のより一層の定着と実践化
◇母語保持に向けた支援の工夫

◇共働きのため子どもたちと過ごす時間を思うようにつくり得ない保護者への支援
◇日本語が思うように話せず、日々の生活に不安を抱える外国人保護者への支援
◇保護者同士のつながりが薄く、子育てや教育に不安を抱く保護者のためのネットワークづくりの推進

◇子どもを見守り育てるための地域のネットワークづくりの一層の推進
◇外国人居住者の増加と居住者の高齢化に伴う共同体としての地域の人間関係づくりと活性化の工夫

そこで、校長として投げかけ、努めたことは「全職員参加を基本とした職員打ち合わせ」（月曜日から金曜日まで毎朝八時一五分～八時二五分実施）や職員会議での「報告・連絡・相談・確認」の重視であり、重点研究協議会や児童指導研修会、さらには人権研修会等でのいちょうっ子の具体的な姿を通しての語り合いでした。

全学年単級、個別支援学級を含め、八学級編成でスタートした平成一五年度、〝全職員による協力指導（全校ＴＴ）体制〟のもと、以下の目標の具現化を目指した、いちょう小学校ならではの多様な教育活動

を展開していきました。

〈学校経営目標〉

1 いちょうっ子一人ひとりが安心して通い、気持ちよく生活できる学校づくりの推進
2 互いのよさや違いを認め合い対等な関係を築きながら、よりよい学校生活をつくりあげていくことを目指した多文化共生教育の推進
3 いちょうの『まち』と共に歩む魅力・活力あるいちょう小学校づくりの推進

〈具体的な取り組み〉

(1) 文部科学省「学習指導カウンセラー派遣事業」を活用しての日本語指導及び算数科における少人数指導実践研究
(2) 五校時開始前の一五分を活用してのドリル学習「チャレンジタイム」の推進
(3) 「全校遠足」「国際懇談会」「夜の懇談会」等を活用した学校・家庭・地域のネットワークづくりの推進
(4) 保護者・地域と協働してつくる夏休み「見回り声かけ運動」「子どもフェスティバル」の計画実施
(5) 「まちと共にいちょう小学校づくりを考える会」の開催
(6) 学校発信・学校評価の場としての「学習発表会」の開催

これらの教育活動を具体的に展開し、よりよく実現していくために校長として大切にし努めてきたことは、やはり職員一人ひとりとの協働を求めての語り合いでした。日々の授業参観はもとより、必要に応じて授業づくりに参画したり、担任に代わって授業づくりにあたったりしていきました。これらの協働から見えるいちょうっ子の具体的な姿を基にした職員との語り合いは、相互の協働意識を高め、そして、信頼関係を高めることにも繋がっていきました。

また、いちょうっ子たちとの日常的・継続的なふれ合いということも大切にしました。朝の時間や休み時間、放課後の時間等、学校のみならず地域におけるいちょうっ子たちとも積極的に関わり、ふれ合うことから見えてくるよさや課題を職員たちと共有し、次への指導・支援に繋いでいくということを大切にしました。

さらには保護者や地域の方々との繋がりを拡げ、その繋がりをより確かなものにしていくということにも努めました。積極的なあいさつや声かけという基本的なことを大切にしながら、保護者や地域の方々から伺うことのできるたくさんの声を、学校評価（外部評価）として大切に受け止めていきました。

そして、朝の打ち合わせや職員会議等での共通理解を基に、常に成果と課題を共有化しながら繋いできました。その継続の中で、ＰＴＡ役員・実行委員と全職員が一丸となってつくり上げた手づくりの「三〇周年記念式典・祝賀会」、主任児童委員・民生委員との定例の情報交換会、保育園との日常的・継続的な交流、外国につながる児童保護者の緊急電話連絡網の作成、親子の中国語教室の開催などが、保護者や地域の方々との協働によってつくり出されていきました。

NIC RADAR ニックレーダー いちょう小学校訪問記

『外国人の子どもがいることで学校や教師が変われるということを認識してほしい。どんどん学校を見に来てください。』という服部校長の言葉を受け、2月21日（土）、「地域公開授業」と「国別懇談会」が行われていたいちょう小学校をNICの職員が訪ねました。

春の陽気を感じさせるこの日、横浜市立いちょう小学校（泉区上飯田町）には多くの保護者と地域の人々が訪れた。一週間にわたって行われた「地域公開授業」の最終日である。

いちょう小学校では"全職員による協力指導体制"方針のもと、校長以下、すべての教師が学年や担任クラスを超えて全児童の授業を受け持っている。この体制は、外国人児童の取り出し授業を行う「国際学級」を担当する金子先生にとっても非常に心強い。児童一人ひとりの学習支援や指導等に対して、全職員が情報を共有し、一緒に取り組んでいけるからだ。

この日の給食は、ベトナムのフォーと揚春巻。夏休みにベトナム人児童の母親から全教員と栄養士、調理士が調理法を教わり、給食のメニューに加えた。同校では食材を地域の農家などから調達し、給食費の予算を節約している。節約された予算は、家庭でのコミュニケーションの場を持ってほしいと年1回、全児童にケーキをお土産として持たせるなどの形で還元されている。

午後からの学習発表会では、学年ごとに1年を費やして作り上げた劇や歌、楽器の演奏を披露した。5年生の「手話で歌おう」では観客も手話の手ほどきを受けながらの合唱となった。指導をしたのは耳が不自由な母親と暮らす中国人の児童だった。最後のプログラムは全職員による合唱。歌い終えて恥ずかしげにステージを降りてきた服部校長に昨年秋に来日した3年生のカンボジア人の男子児童が「校長先生!顔が真っ赤だよ」と親しく声をかける場面も。

この後に行われた「国別懇談会」では、中国、ベトナム、カンボジア、日本と分かれて、ボランティア通訳を交えて保護者と教師がざっくばらんに話し合った。この「国別懇談会」は、学校と保護者のコミュニケーションをより深めるとともに、保護者同士のネットワークを築いてほしいとの願いから始まったものである。実際、この国別懇談会が、外国人保護者の緊急電話連絡網の作成や「親子中国語教室」の開催につながったという。

中国人保護者グループでは、「中国で教わった算数の計算方法と違うから子どもに教えられない」、「通知表の見方を学校は子どもにも伝えてほしい」など学校への要望から、「反抗期にはどう対処したら?」、「私たちの子どもは日本人の2倍は努力しないとだめ」など保護者同士の意見交換も活発に行われた。そして懇談会の終わりには、その場にいたすべての保護者が「『いちょう』の子で本当によかった」と口を揃えた。

「外国籍児童一人ひとりが安心して通える学校は、全ての子どもたちが安心して通える学校である」といういちょう小学校の理念は、今、職員、保護者、そして地域の人々の共通の願いとなっている。

（名古屋国際センター　交流協力課　加藤理絵）

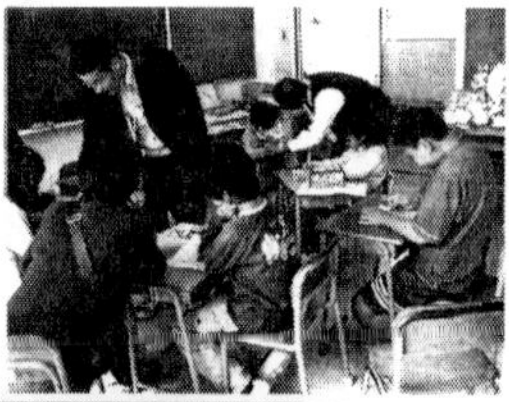

同校には各国の母語を話す指導協力者による「日本語教室」と教科の取り出し授業を行う「国際教室」がある。大学関係者や地域の日本語ボランティアの協力を得て、指導体制を整えている。

国別懇談会（中国）

月刊『ニックニュース』2004年5月1日　財団法人名古屋国際センター

また、大学関係者や地域のボランティア団体の方々をはじめ、NPO団体等とも「連携・協働」をキーワードに様々な活動を展開していきました。特に毎週水・木曜日、いちょうっ子たちの日本語支援・学習支援にあたってくださった東京学芸大学の齋藤プロジェクトとの日本語指導に関する協働研究から、私たちは多くのことを学ぶことができました。プロジェクトの皆さんがつくられた授業支援記録が、日々の学習づくりや児童理解の工夫・努力に関して多くの示唆を与えてくださったことはいうまでもありません。さらには、地域ボランティアグループ「多文化まちづくり工房」との「夏休み学習教室」での協働も、今後に向けての大きな可能性を実感させてくれました。

いちょう小学校の〝学校力〟

「国別懇談会」「夜の懇談会」「親子の日本語教室」等の多様な教育活動は、多くの外国人が日本人と共に生きるいちょうの「まち」の中に存在する学校だからこそつくり出された教育活動です。それは国籍を越え、それぞれの違いを認め合い、多様性を受け入れ合いながら誰もが安心して気持ちよく生活できる学校づくりをめざして、学校が地域と共につくり出してきた教育活動そのものです。勿論、これらの実践が歴代の職員たちの努力によって、保護者や地域、ボランティア団体、大学関係者等との信頼関係を基盤にしてつくり出されてきたということは言うまでもありません。

今、声を大にして伝えたいのは、職員はもとより、学校・家庭・地域の信頼関係が新たな協働を生み、この協働が相互の信頼関係をさらに強く確かなものにしてきているということです。「夏休み学習教室」「『まち』と共につくる運動会」「親子の中国語教室」など、これらの新しくつくり出されたどの活動を見ても、「信頼」が「協働」を生み、「協働」がより確かな「信頼」をつくり出してきているということが言えます。

いちょう小は、横浜市の中で最も外国につながる子どもたちが多い小学校です。確かに、そのことによってつくり出される特色あるいちょう小ならではの教育活動があります。しかし、外国につながる子どもたちだけではなく、いちょう小に通い、いちょう小での生活をつくり出すいちょうっ子一人ひとりが、安心して気持ちよく生活できるようにするためには？という大きな課題を想い、その解決を考えた時、担任・担当だけではなく全職員でいちょうっ子一人ひとりを見つめ・見守り、支援・指導していくということは極めて当然のことであり、決して特別なことではないのです。

目指せ多文化共生社会

多文化共生について考えたフォーラム＝美濃加茂市中央公民館で

学校を生かした外国人住民との共生について考えるフォーラムが、美濃加茂市中央公民館で開かれ、県内外から約百人が参加した。（生田 貴士）

美濃加茂でフォーラム 学校拠点に地域一丸

教諭や外国籍生徒らが討論

美濃加茂国際交流協会や市などでつくる実行委員会の主催で、テーマは「美濃加茂市における多文化共生の学校づくりと地域づくり」。

はじめに「二十一世紀の学校－横浜市立いちょう小学校の挑戦」と題し、同小元校長の服部信雄さん、国際教室担当教諭の金子正人さんが基調報告。十八カ国の児童が在籍、児童の二人に一人が外国人児童という様子を紹介し「大学関係者や地域ボランティアと連携し、学校を拠点とした多文化共生のまちづくりを進めてきた」と述べた。

この後、美濃加茂市内の小学校教諭や外国籍生徒らによるパネルディスカッションも。最後に「地域で子どもたちを受け入れる体制づくりや地域住民の相互理解のための活動を推進し、多文化共生社会を目指した教育の充実を図っていく」との宣言を採択した。

中日新聞　2004年５月12日朝刊

このことは、どの学校においても言えることなのだと思います。学級・学年を基盤にしながらも、担任・担当だけではなく、職種を超えて全職員が、それぞれの個性を発揮しながら子どもたちの指導・支援に努めていくことは、子どもたち一人ひとりの安心感や期待感を高めていくことに繋がるに違いありません。子どもたち一人ひとりが、より安心して、より気持ちよく生活をつくり出していくことができるようにするために、そして、子どもたち一人ひとりの確かな学びをつくり出していくために、学校として、どれだけ一人ひとりの子どもを見つめることができるのか？全職員の協力指導体制のもと、一人ひとりの子どもの課題やよさに対して、どれだけの指導・支援ができるのか？ どのように指導・支援していくことができるのか？ 全職員の協働によってつくられる教育活動に、その学校の〝学校力〟を見ることができます。いちょう小の〝学校力〟は、全職員でつくり上げてきたすべての教育活動を通して評価されます。勿論、その評価者は、教師自身であり、いちょうっ子たちであり、保護者・地域の方たち、ボランティア・大学関係者等のいちょう小に関わり、いちょうっ子を支援してくださる方たちです。

いちょう小の全職員が、いちょうっ子をはじめ、保護者・地域の方たち、ボランティア・大学関係者の方たちの多様な評価を真摯に受けとめ、さらに〝全校ＴＴ〟を推進しながらいちょう小の〝学校力〟を高めていってくれることを心から願っています。

おわりに

いちょう小を去って早五ヵ月、職員たちとのつながりは一向に切れません。保護者や地域の方たち、ボランティアや大学関係者の方たちとの関わりも続いています。勿論、いちょうっ子たちとの繋がりも切れるものではありません。

多くの職員たちが〝いちょうっ子たちの今〟の情報を発信してくれています。ＰＴＡ代表の保護者からは、いちょう小の活動・取り組みの様子を伝えてくれる嬉しい情報が入ります。また、いちょうっ子からも素直な気持ちを書き綴った嬉しい手紙が届きます。

五月になってあたたかくなりましたが雨がたくさんふります。服部校長先生、お元気ですか。ぼくは元気です。

四月三〇日に開校記念式がぶじおわりました。いちょう小の歴史を全校のみんなに、ぼくたちが発表しました。最初の校長先生の場面では、みんながわらってくれました。

クラブは球技クラブにはいりました。今はタワーボールをやっています。校長先生、夏休みになったら水泳教室と学習教室に来てください。

四年一組　A

いちょう小の不思議な魅力を今更ながら感じています。このカンボジアにつながる四年生のAさんとは、その後も手紙のやり取りが続いています。残念ながら夏休みの学習教室・水泳教室に参加することはできませんでしたが、八月の「子どもフェスティバル」でAさんと再会することができました。校庭で燃える炎を囲みながら、Aさんたちと一緒に歌い、踊り、存分に楽しませてもらいました。もちろん、いちょうっ子たちだけでなく、職員や保護者・地域の方たちとも、その準備や片付けの活動を楽しみながら、心地よい汗を流させてもらいました…。立場は変わりましたが、今後もできるかぎり、いちょう小の「全校TT」をめざした学校づくりを支援していきたいと想っています。

第二章　全職員による協力指導体制（全校ＴＴ体制）

第一節　担任・副担任の視点

1　一年担任の挑戦　～全校ＴＴの実際～

竹下　護
（一年担任）

平成一六年度の一年生は三八名が入学しました。そのうち、外国につながる子どもは二六名（六八％、平成一六年五月現在）です。国別に見ると、グラフの通りです。これだけの子どもたちを一人の担任だけで十分に指導・支援していくことは無理があります。無理を無理のままにしないためには、一人の学年担任よりも複数のブロック担任、複数のブロック担任よりも全教職員で指導・支援をしていくことが求められます。

全教職員で全児童を責任もって育てていく「全校ＴＴ」。全教職員で一人ひとりの子どもに寄り添い、指導・支援にあたることのよ

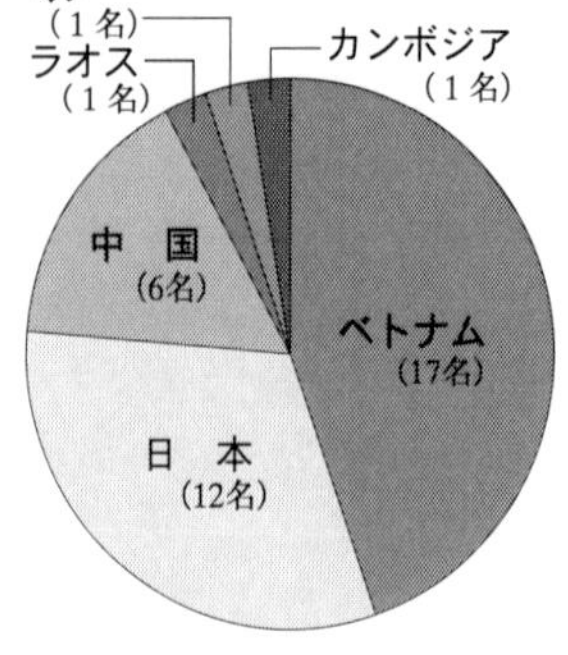

1年生の国別人数

さを、一年生の学級担任の立場で伝えたいと思います。

大切な読み聞かせの時間

入学式直後の教室。子どもたちは自分の席に着き、保護者が周りを取り囲んでいます。一年生の担任として、「明日から毎朝元気に登校してきてほしい。そのためには早く寝て、早く起き、朝食を食べてから登校してほしい。」というメッセージを、子どもにも保護者にもわかりやすく伝えたいと考えました。そこで、絵本『ねないこだれだ』（せなけいこ作、福音館書店）を大型紙芝居に作り替えて、聞かせることにしました。夜九時を過ぎても寝ないで遊んでいる子どもが、おばけになって空のかなたへ飛んでいってしまうという乳幼児向けのお話です。読み聞かせのあと保護者に、「子どもは九時までに寝かせてください。朝ご飯を食べさせてください。明日、子どもたちが元気に学校に来るのを待っています。」と、短い言葉で伝えました。

メッセージを伝え言葉を育む読み聞かせ

効果は抜群。子どもたちは「九時に寝ないとおばけになってしまう」と心に刻んで帰宅していきました。外国につながる保護者はにこやかな表情で聞いていただけなので、こちらの意図がどの程度伝わったのか心配でした。しかし、後日、ベトナム語通訳のチャン先生から、「保護者にとっても、おばけの話はよかったです。保護者が『九時までに寝かせなきゃいけない』などと言っていました。日本語がよくわからない保護者に、工夫して伝えてくださることに感謝します。」と言っていただきました。

入学式以来、毎朝必ず読み聞かせの時間をとっています。読み聞かせを通しての教師と子ども、あるいは、子どもどうしの何気ないやりとりについては、東京学芸大学の齋藤ひろみ先生（週に一度、一年生の教室に入り込み）が、言葉の学びや言葉の発達という視点で専門的な立場で分析し、アドバイスをしてくださいます。

読み聞かせは、楽しみながら日本語の書き言葉の世界を伝えていくのにとても有効な手段であるとともに、日本語を母語としない子どもたちにも、教師が意図するメッセージを効果的に伝えることができます。また、そこでの教師と子ども、あるいは子どもどうしの言葉のやりとりは、言葉の学びをつくり出しているのです。こういったことは、通訳の先生や大学の先生からの助言があったからこそ言えることです。このように、外部の先生方も本校の「全校ＴＴ」を支えてくださっているのです。

校内電話から始まる朝の連係プレー

決まった時刻に登校する習慣をつくる支援も全教職員で行っています。実際、どのように支援しているのか、再現してみましょう。

Aさん、Bさんが登校してきていません。保護者からの連絡もありません。すぐに、教室の校内電話で職員室に連絡。「AさんとBさんがまだです。お願いします」。職員室で電話を受けた職員は、AさんとBさんの欠席理由を調べ始めます。

しばらくすると教室に職員室から、「Aさんは電話に出ました。寝坊です。保護者は仕事に出ています。今から学校に来ます。Bさんは電話に出ません。保護者の携帯電話や勤務先とも連絡が取れません。C先生が迎えに行きました。」との連絡が入ります。

そのころ、C先生はBさん宅の玄関前にいます。ドアをノックしながら「Bさん、おはよう。C先生だよ。」と声をかけます。反応がなければノックの音も、かける声もボリュームアップ。そのうちにドアの内側から鍵が開けられます。「おはよう、Bさん。どうした？具合悪い？朝ご飯食べた？」C先生はBさんが登校できなかった理由を聞き出すと共に、Bさんの遅い朝食につき合い、学校のしたくと火の元と戸締まりの確認をしてからBさんといっしょに学校に戻ります。そして、教室まで連れて来てくれます。担任は放課後AさんとBさんの保護者に連絡を入れます。

朝、各担任から職員室にかける「○○さんお願いします」の校内電話。その電話を受けた職員が誰であっても同じように対応できるため、担任は朝の授業に専念できます。この朝の一連のやりとりは、全教職員が個に応じた対応を、臨機応変に組織的にしている連係プレーのひとこまなのです。

一つのクラスに四人＋αの教師

一年生の国語の時間。ひらがなの書き取り練習をしています。担任は黒板の前で全員に向けて指導しています。教室の後ろの方では、いつものように一年個別支援学級担任が、個別支援学級の二人の子どもを中心に指導しています。三八人の子どもたちに二人の先生。これは、一年生の教室でふだん見られる指導体制です。

この時間はさらに二人の教師が加わっています。一人は低学年ブロック担当（一年生の主に国語と算数に入り込む）。もう一人は国際教室担当（国際教室の時間割の中で一年生を担当する時間に教室に入り込む）です。一つのクラスに四人体制での指導です。このような複数教師による指導は、週の予定の中で計画的に行われています。

そこに、養護教諭が朝の出欠状況を調べに、教室を回ってきました。ドア越しに「おはようございます」と声をかけ、教室にも入ってきます。「今日は何の字を勉強しているの？」「昨日けがしたところ大丈夫？」「歯医者行った？　治療券があるから、あとで保健室にもらいに来てね」など、声をかけます。しばらくの間授業に加わり、一人ひとりに指導をすることもあります。さらに、校長が教室に入ってきました。廊下に近い子どもに「こうやって書いた方がいいですよ」と手を取って、正しい字形で書けるように指導しています。このように、通りがかりの教師も遠慮なく教室に入り込み、その時間の学習指導・支援に自然に加わります。担任も遠慮なく、入り込んできた教師に「Aさんには字を書く姿勢、Bさんには鉛筆の持ち方を教えてください」などと、その子に指導・支援したいことを伝えます。

本校の教職員は、一人ひとりに寄り添い、声をかけ、時には目の前でお手本をやってみせるような指導を大切にしています。そのとき、教職員は子どもたちがふだん使っている話し言葉ではなく、丁寧な言葉遣いでの会話を意図的にするようにし、よりよい言葉に触れる機会をもつようにしています。また、子どもたちはいろいろな教職員から声をかけられることで、学校での自分の存在が認められていることを感じているのではないかと思います。

指導に熱が入る金野校長

物を見せ、一緒にやって伝えるメッセージ

学校からお知らせがあるとき、手紙（印刷配付物）を用意します。本校からの手紙には、漢字にふりがなが付いています。ローマ字を併記したものもあります。場合によっては母語に訳し、日本語の手紙に添えることもあります。

初めて日本の学校文化にふれる保護者がいる一年生の学年だよりは、できる限り写真入りで具体的なものを示しながら伝えています。例えば、遠足のお知らせの手紙。「遠足では○○をご用意下さい」という文章だけでは伝わりにくいです。日本の保育園や幼稚園での経験があれば、遠足のイメージがもて、これらのものを用意することができます。しかし、その経験がなければ、遠足やそれに必要な物の一つひとつがわかるように、子どもと保護者に確実に伝えていくことが求められます。

そこで一年生は、「遠足ごっこ」をしました。六年生に遠足で用意しなければならないものを借り、弁当の時間を想定し、シートを敷いてその上に座り、弁当を食べるまねをしました。一つひとつ実物を示しながら、「これはリュックサックです。お家にありますか?」などと確かめ、同時に実物を写真に撮り、学年だよりに載せました。六年生は遠足で必要な物を準備してきてくれただけではなく、必要に応じて母語でそのものについて説明したり、売っている店を教えてくれたりしていました。

水泳学習を始めるにあたって、子どもに「家で耳掃除をやってもらってね」と声をかけたり、「水泳学習が始まります。ご家庭でお子様の耳掃除をお願いいたします。」と手紙に書いたりしても、保護者にはなかなか伝わりません。そこで、担任と養護教諭は、校医から「耳あかを取ったほうがよい」と勧告された子どもの耳掃除をしました。このように、子どもに学校で耳掃除を体験させることで、子どもは家に帰って「先生が耳掃除をしてくれた」などと伝えます。その結果、多くの家庭で保護者に子どもの耳の中の様子を見てもらうことができました。

一年生の歯の健康を守るためには、時に保護者が仕上げ磨きをすることが必要です。一年生は学校でもできる限り仕上げ磨きの時間をとるようにしています。歯磨きを終えた子どもたちが歯ブラシを持って担任の前に並びます。担任だけでは対応しきれないので、一年個別支援学級担当、養護教諭、国際教室担当などが加わることもあります。

実際の物と言葉をつなぐこと。家庭でしてもらいたいことを、教師が学校で子どもに実際にやってみせ、そのことを子どもから保護者に「先生にこんなことをしてもらった」と伝えてもらうこと。外国につながる保護者へ、学校からのメッセージを確実に伝えるための有効な手段の一つです。

食の経験を豊かにする学校給食

横浜市の学校給食では、ご飯、魚、おひたし、みそ汁などというわゆる日本食が積極的に取り入れられています。また、だしのうまみを効かせ、素材の味を生かした味付けで、全体的に薄味です。外国につながる子どもにとって、初めて目にし、初めて口にする食べ物も出てきます。そういうときには、「いただきます」の前に食べる練習をします。例えば、煮魚の骨の上手な取り方、ゆでた枝豆の食べ方、四分の一に切られた夏みかんの皮のむき方などです。また、食材にも目を向けるようにして、料理に使われている食材の名前も積極的に教えています。そんなとき子どもから「ベトナムにもある」「中国で食べた」など、自分の食経験と照らし合わせた声が自然に出てきています。

自分が初めて食べるものに、なかなか口を付けられない子どももいます。そういう子どもには、少しずつ慣れさせていくために、教師が一口大に切ったり、全体の量を減らしたりして、全部食べられたという

個に応じた給食指導

経験が積めるように配慮しています。

また、外国につながる子どもの中には、日本でいう離乳食の経験がなく、三歳前後まで哺乳びんでミルクや牛乳を飲んで育ってきている子どももいます。その子たちには、固形物をよくかんで飲み込む習慣ができていません。給食を食べるのもかなりの時間がかかります。担任と一年個別支援学級担当の二人だけでは、その子たちのよくかんで飲み込む練習をしながらの食事には手が回りません。そんなとき、養護教諭や栄養職員が教室に入り込み、個別に対応します。給食室でも、調理員が遅く食べ終わり、食器を個別に返しに来る子どもにも笑顔で温かく対応し、必ず「がんばったね」「明日は全部食べられるといいね」などと声をかけています。

和風の食事でも洋風の食事でも残さないで食べ、食事が楽しいことを実感してもらいたいという願いのもと、給食指導も栄養職員や調理員を含めた全校ＴＴで行っています。

親子のコミュニケーション

一年生の外国につながるすべての子どもは、学校や友だちどうしの遊びの中で日本語を使っています。時折、学校でも母語で会話をしていることを耳にしますが、激しい口げんかも日本語でやっています。一方、家庭ではそれぞれの国の言葉、母語を使っていることがほとんどです。子どもは、玄関をはさんで二つの言葉を使い分けているかのようです。

しかし、ここに大きな問題が隠されています。それは、日本語が上達する一方で母語を忘れていく子どもたちに対し、親は日本語の上達が遅く、家庭内で「言葉の壁」が生じていることがあるのです。親子の意思疎通が十分にできず、自分の話を理解してもらえないと悩む親や子どもが少なからずいます。

夏休み前に個人面談がありました。あるお母さんが通訳を通して「学校に入ってから、子どもに母語で話してもわかってくれないことが増えました。例えば、『ちょっと、それ取って』と言っても通じないんです。」という話をされました。そのお母さんが、個人面談の最後に流暢ではない日本語で、「先生、子どものことお願いします」と言ったときの、切に願うような表情、声の調子、頭を下げる仕草…その場面が脳裏に焼き付いています。外国につながる子どもが在籍する学級担任として、その保護者の想いを肝に銘じ、日頃の教育実践に取り組んでいます。

今後も担任一人で子どもの放っておけないような状況を抱え込んでしまうのではなく、「全校TT」で一人ひとりに寄り添い、きめ細やかに指導・支援していくことが欠かせません。また、そこに大学の研究者や地域の方たちなどの力を借りたり、違った視点からふだんの教育実践をとらえ直したりすることも必要です。

「全校TT」をさらに推し進め、すべての子どもたちが安心して通い、安心して生活できる学級づくり、学校づくりをしていきたいと思っています。

《コラム》

アフロ先生！

横溝 亮（学習支援者）

いちょう小学校との出会いは、私の指導教官である齋藤ひろみ先生が、いちょう小学校のプロジェクトに誘ってくださったことに始まります。いちょう小学校の学習支援に参加する以前は、同じ横浜市内の日系南米出身の児童生徒を対象とした母語支援と、外国につながる生徒が多数在籍する高校での学習支援に参加していました。高校で外国につながる生徒と話をしていて気になっていたことは、彼らが来日した当初、小学校における彼らへの支援はまったくといってよいほど行われておらず、外国につながる児童にとって、日本の小学校は本当に厳しいものだったということでした。

いちょう小学校での支援活動に参加して一番驚いたことは、一年生の男の子に「せんせいは、なにじん？」と尋ねられたことです。その子は続けざまに、「ぼくはベトナムじんだよ。」と言いました。私がそれまで聞いていた外国につながる高校生の小学校時代は、「とにかく日本人のように、外国人と思われないように生活する」というものでした。しかし、いちょう小学校の外国につながる児童は、私のイメージとは全く異なっていました。

いちょう小学校での支援活動を始めて今年で三年目です。子どもたちは私を「横溝先生」「横溝さん」ときには「アフロ先生（パーマをかけていた時期があったので）」と呼びます。私は子どもたちから見ても、教師のような教師でない大人なのかもしれません。授業中は学習支援を行い、休み時間には校庭で子どもたちとサッカーを楽しみます。卒業式では教員の席に座ります。保護者からは、「いったいあの人は何者だろう？」と思われているかもしれません。いちょう小学校には、教師・研究者・ボランティアなど、多くの大人が入り込んでいます。多様な子どもたちを育てていくためには、多様な人がかかわることが必要だと私は考えています。

私が関わってきた外国につながる生徒は、高校段階になると、「今後、日本でどのように生活していけばよいのだろう？　自分はいったい何人だろう？」と悩んでいました。いちょう小学校の子どもたちも、何年後かに同じような悩みをもつかもしれません。彼らが悩みをもったときに何かアドバイスをすることができればと思います。

2　教室に通訳さんがやってきた！

石田裕美（二年担任）

本校は、全校児童の約半数が外国につながる児童が在籍しているという特色をもった学校です。しかし、私は横浜（しかも同じ区内）で育ったにもかかわらず、人事異動の際に行われた校長面接の時まで、そのことはまったく知りませんでした。それを聞いたとき、まず私の口から出てきた言葉は「私、日本語しか話せません。」そんな私に校長は、「子どもたちは日常会話は大体できるので、心配ないですよ。保護者と話をする時は必要に応じて通訳さんが入ります。」と教えてくれました。通訳さんを交えて誰かと話すなどという経験は私にはなく、どのような状況なのか想像もつきませんでした。

不安を抱えたまま、四月

着任すると、担任するクラスにも外国につながる児童が半数在籍していました。「本当に日本語だけで大丈夫なのだろうか。授業は成立するのだろうか。」と、不安は増すばかり…。しかし、面接のときの話のとおり、子どもたちとの日常会話には特に問題を感じることなく、授業中に通訳さんが入るということもありません。日本語の学習が必要と思われる児童は、個別に日本語教室や国際教室で学習することもできるようになっていました。はじめに抱いていた不安も徐々に解消されていきました。

通訳さんは人気者！

本校には、八ヵ国につながる児童が在籍しています。当然、保護者の日常会話も八ヵ国にわたります。そのため、授業参観にはたくさんの方が見えても、そのあとの懇談会は言葉の壁を感じるのか、出席されずに帰ってしまう保護者もいらっしゃいます。そこで、多くの保護者に出席していただけるようにと通訳さんにも出席してもらっています。しかし、八ヵ国の通訳さんをお願いするのは難しく、また一年生から六年生まですべての懇談会に通訳さんをお願いするには通訳さんの人数も足りず対応しきれないのが現状です。

通訳さんは、懇談会だけでなく個人面談・家庭訪問にも来ていただいています。しかし、通訳さんの人数にも限りがあります。そのため、通訳のアレンジを担当する職員は、全クラスの通訳が必要な家庭をピックアップし、個人面談や家庭訪問の期間に漏らさずアレンジできるように、連絡・調整に追われています。各担任は、クラスの日程よりも通訳さんの日程を優先し、時間どおりに個人面談や家庭訪問をしていかなければなりません。なぜなら、少しでも時間が延びてしまうと、次の時間に通訳さんが予定されている保護者とその担任は、日本語での会話が成り立たずに、お互い笑顔で見つめ合い、通訳さんがやってくるのを待つことになるのですから……。

懇談会で声がかれた⁉

私の初めての通訳さん付き学級懇談会には、ベトナム語と中国語の通訳さんに来ていただきました。しかし、せっかく通訳さんに入っていただいているのに一方的に話すだけになってしまいました。それもなぜか大声で…（町で外国の方に道を聞かれ、日本語で大きな声で繰

多数の外国出身保護者が参加する夜の懇談会

り返し話している方がいますが、それを懇談会でやっていると想像していただくのがいちばん近い姿です）。通訳さんの声が自分の耳にも入ってくるものですから、それが気になってしまい自分が何を話したいのか、もう舞い上がってしまって…。「とにかく話さなくちゃ！　主音声は私！」と、わけのわからないことを考えていたら、大きな声になってしまったのです。また、本当に伝えたいことが伝わっているのかと気にしながらゆっくり話すので時間もかかります。そんなこんなで懇談会の後は、喉が痛くなっていました。

国別懇談会

懇談会は保護者にお話をしていただくことが大切です。そこで本校では、教師と保護者、保護者同士で話が進められるように国別懇談会というものもあります。八ヵ国すべてというわけにはいきませんが、在籍の多い国を中心に（前回は、ベトナム・中国・カンボジア・日本）国別に分かれ、通訳さんを交えながら日頃感じていることや悩みを互いに話し合います。その際、通訳さんもただ通訳するだけでなく、時には通訳さんご自身が日本に来て苦労された経験を話し、保護者にアドバイスなどをしてくださいます。通訳さんは保護者の母国の文化、日本の文化、両方を知っているからこそ「なるほど」と納得させられることを話されるのです。

慣れない日本での子育ては保護者にとって不安も多いことと思います。誰かに相談したくてもはじめは誰に相談すればよいのかもわからず、わからないことばかりでしょう。学校に来ていただいて子どもを通して保護者同士が知り合ったり、懇談会で顔を合わせ互いに話したりすることで、家庭に帰ってからも地域で話をするきっかけがつかめるかもしれません。

はじめは、通訳さんを交えて話すことに戸惑いがありましたが、学校・家庭・地域がより協力し合うためにも、本校に（もちろん、私にも）通訳さんは欠かせない存在です。

《コラム》
ベトナム語通訳として

トルオン・ティ・トゥイ・チャン

信頼抜群の通訳チャンさん

私は、いちょう小学校とご縁があって、六年前から関わるようになりました。以前は、いちょう小学校の日本語教室で、ベトナムの子どもたちに勉強がわかりやすいように母国語で説明していました。現在は、家庭訪問や個人面談、懇談会や各行事の説明会、新一年生の保護者説明会などの通訳をしています。

いちょう小学校は、私の母校のように大好きです。とても安心感があります。きっと子どもたちも私と同じような気持ちをもっていると思います。悩んだり、悲しいことがあったりした時、また嬉しいことがあった時、ここに来ればきっと気持ちをわかってくれる人がいると思っていることでしょう。

いちょう小学校に入ればいろんな言葉が聞こえ

てきます。ベトナムの子どもたちは、私に会うと自信をもって必ずベトナム語で話しかけてきます。自分たちのことを認めてくれる人がいるからこそ、自信がもてるのだと思います。

六年間、いちょう小学校で通訳をして深く感じることは、言葉で表現しなくても先生方は外国につながる子どものこと、そして保護者のことをよくわかってくださっているということです。元気なところ、忘れ物がよくあるところも、たくさんたくさん理解してくださいます。

子ども一人ひとりの状況を理解するために勉強会をしたり、皆で多文化理解のための交流会を開いて、文化紹介もしたりしてくれました。夜遅くまで残って国別懇談会を開いたり、学校の行事をわかりやすいようにジェスチャーで表現したり、現物を使って保護者に説明したりもしてくれます。大事な連絡事項があるときは、必ず通訳をつけて説明してくれます。

外国につながる子どもたちだけでなく、日本の子どもたちも、きっと豊かな気持ちをもつ子に育ってくれることと思います。

3　教室に外国から転入生がやってきた！

山田　昭・松本美奈子
（六年担任・副担任）

本校の外国につながる子どもたちは、日本で生まれ育った子や、日本での滞在期間が長い子が比較的多いため、生活言語については問題がなく、学習言語が課題だと言われています。ですから、日常の会話だけを聞いていると、とても外国につながるとは思えない子がほとんどです。しかし、時には日本に来て間もない、日本語のできない子が突然転入してくる場合もあります。

小さな通訳さん

本校の職員だからといって、外国語の会話に堪能なわけでもないので、そのような子が転入してくると、教室で日常の意思の疎通に困ってしまいます。そんなとき、教室の子どもたちに通訳を頼みます。「○○って言ってくれる？」「なんて言ってるの？」という具合に、大いに頼りにしています。子どもたちが賢くも偉大に見える瞬間です。

とにもかくにも、まずは日本語！

いくら通訳をしてくれる友だちがいるとはいっても、それですべて解決というわけにはいきません。まずは簡単な会話やひらがなから勉強を始めます。それを教えるのがまた大変です。例えば、プリントを用意しても、そのやり方を説明することができない。それこそ最初は手探りです。絵を描いたり、写真を用意したり、身振り手振りで示したり……。

なかなかうまくいかず、かなり苦労をします。しかし、本校には来日して間もない児童に母語を使って日本語を教える「日本語教室」と、会話などには不自由がないものの日本語の不自由さが原因で学習に苦労している子を取り出して学習支援をする「国際教室」が設置されています。それらの教室担当に指導をお願いしたり、指導法のアドバイスをもらったりして、大いに助かっています。「日本語をできるようにしてあげたい」とあせっても、一人ではどうにもならないと痛感しています。そんなときに、たくさんのノウハウが蓄積されているのが本校です。

一番困っているのは…

日本に来て間もないということは、逆にいうと母国式の生活や学校のやり方しか知らないことになります。ですから、思わぬことにびっくりさせられます。例えば、国によっては学校で体育はやらないそうで、学校で体操着に着がえるなんて考えられないという子もいます。そのような子が体育の授業に快く参加できるようになるだけでも、とても時間のかかることなのです。

しかし、日本人も外国に行ったときに、その国の習慣にびっくりすることなどは、いくらでもあります。大事なのは、いつもお互いの文化の違いを理解しようという気持ちをもって、指導・支援にあたることだと思います。何より、一番びっくりし、心細い思いをしているのはその子自身のはずですから…。

《コラム》

「いちょう日本語教室」について

高村　京瑛（中国語担当）　中原　円（カンボジア語担当）
日野　美子（ベトナム語担当）　加藤　優子（ボランティア）

横浜市は外国につながる児童生徒のために、市内の四つの小学校に日本語教室を設置しています。

日本語教室の様子

近隣の小中学校から日本語指導を必要としている児童生徒が通級して指導を受けています。その中の一つとして、いちょう小学校に平成一〇年度から日本語教室が開設されました。

ここでは中国語、カンボジア語、ベトナム語のわかる指導者三名とボランティア一名が、主として日本語の初期指導や生活適応指導を行っています。日本語が理解できない子どもたちには、母語を使って指導します。母語を使って指導するせいか、すぐにうち解けてくれて、和やかな雰囲気の中で日本語の勉強が行われています。

また、必要に応じて、学校と家庭とのコミュニケーションを円滑にするために通訳などもしています。

これからも学校の先生方と協力し合って、子どもたちが早くクラスにとけ込め、楽しい学校生活を送ることができるよう支援していきたいと思っています。

いちょう日本語教室は、平成一六年現在、中国、カンボジア、ベトナムの三ヵ国、合計一四名の児童が指導を受けています。日本語の指導期間は週二回で約一年間です。

4　日本語が苦手でも楽しい図書室

鈴木裕子
（司書教諭）

興味や関心を広げる空間づくり

外国につながる子どもたちは、日本で生まれ育っても、日本語の文字文化に触れる経験が少なかったことと思います。本といえば漫画のことを指す子どもがほとんどという実態もあり、以前の図書室は授業で必要な時以外は、あまり縁のない場所のようでした。また、子どもたちが生活する校舎から離れた体育館棟にあるコミュニティハウスの中にあり、気軽に立ち寄れる場所でもありませんでした。

そこで、数年をかけて図書室の図書を各階の児童が生活する教室のそばに移動し、畳を敷くなど工夫して、低学年図書コーナーや高学年図書コーナーを設置しました。さらに、多目的室は、学習関連図書資料と共にパソコンを配置して学習センター化し、本校の図書室は分散型へと少しずつ姿が変わっていきました。

そんな折、地域の方から、子どもにとって遠い存在である図書室のスペースを国際交流室として使いたいという声が出てきました。地域が行政を動かし、ついに平成一五年、市から予算が出て旧図書室をコミュニティハウスに移管し、新しい図書室が作られることになりました。利用の少なかった旧図書室は、現在はコミュニティハウスの国際交流室として、地域のボランティアの方が日本語教室や国際交流の場として大いに活用されています。

旧図書室の区への移管に伴い、新しい図書室を子どもたちの教室のそばに二つ造れることになりました。しかも、書架や設備は既製のものではなく特注できることになりました。そこで、たとえまだ日本語がわからなくても、苦手でも、誰もが自分に合った本が見つけられ、本に親しめるような環境をつくっていきたいと思いました。

前年度までに、学習情報センターとして学校の中心に位置付け、本だけでなく新聞や雑誌、ビデオ・CD-ROMやインターネット等いろいろなメディアの活用もできる図書室として、「ネットワーク広場」を整えていました。そこで、今回の二つの新図書室は、子どもが物語や絵本と仲良しになれることと多様な表現活動の拠点になることを目指したいと思いました。また、趣味や遊びの本、視聴覚メディアを通して、読むことが苦手な児童も気軽に立ち寄れるような、明るく楽しい魅力ある空間にしようと考え、設計をしました。

明るく開放的な「お話の森」

書架の形も工夫しました。本が倒れないよう仕切りの幅を狭くするとともに、本の表紙が見られるような面出しのたくさんできる書架を考え、依頼しました。掲示スペースもなるべく広くし、「おすすめの本コーナー」「調べ学習の紹介コーナー」「図書館クイズコーナー」など、子どもたちの情報を発信できるようにしました。完成した二つの新しい図書室は名称を児童から募集して決め、「読書広場」「お話の森」という親しみやすい名前で呼ばれています。

くつろぎの部屋「読書広場」、みんなで楽しむ「お話の森」

四階の図書室「読書広場」にはフローリングの床に大きな木製の楕円形のテーブルと背もたれ付きの丸い椅子があり、落ち着いて本が読めます。高学年の子どもがグループの相談や総合的な学習の時間によく使っています。テーブルの下にはパソコン用のコンセントがあって、いつでも使えるようになっています。テレビやビデオの収納スペースもあります。窓際にあるソファーとテーブルのセットも人気のスポット。わきにある低めの書架にはスポーツや遊び、ゲーム、クイズの本や趣味の本などが置かれていて、主に六年生の男の子たちが、給食後のちょっとした時間にくつろいで本を開いている姿が見られます。中央奥にはレクチャーテーブルがあり、調べ学習などの発表の練習に使っています。

二階の図書室「お話の森」は森をイメージしたインテリアです。主に低学年用の図書が置いてあります。一番の目玉は、収納扉を開けると大きな人形劇舞台が出てくることです。この舞台は本校の管理員の作です。この「お話の森」が単に読書ルームで終わらず、子どもたちの多様な表現活動を生み出す空間として機能するためには欠かせないものとなっています。先日は、二年生の児童が国語の題材「スイミー」でペープサートの劇を楽しみました。一年生にも見せてあげたいと一生懸命練習して、「お話の森」で楽しい交流の場をもちました。秋の読書週間には、情報委員会（図書委員会）の子どもが人形劇をしたいと、楽しみにしています。

本の表紙を見せるスペースの広い特注の書架は、外国につながる子どもや読むことがまだ苦手な子にとって、読みたい本を見つける大きな手助けとなっています。また、外国につながる子どもたちの母国の昔話なども意識して並べておくようにしています。字のよく読めない子どもも、本に親しみを感じていない子どもも、表紙の絵に誘われるように本を手に取って見るようになっています。本の借り手は、面出ししてある本から先に決まります。書架の形の工夫は子どもと本を近づける効果が大でした。以前に比べて、「読みたい本なんかない」と言って、本を手に取ろうとしない子がとても少なくなっています。

日々進化する図書館をめざして

今年度から私は、三〇分ある中休みを「お話の森」にあるカウンターで過ごしています。貸し出しや、返却の受付をしながら、子どもたちに読んだ本の感想を聞いたり、読んでほしい本を紹介したりしています。毎日来るお客さんはすぐ隣が教室の二年生です。ほとんどの子どもが七月現在、すでに三〇〜四〇冊借りています。図書室が近くにあって、司書教諭がいるという条件が揃えば、こんなに本に親しめるのかと驚くほどです。本に親しめる環境を整えることで、子どもは本を身近に感じ、自ら読書を楽しむようになっていくことを実感しました。また、何となく本や掲示物を眺めたり、大型絵本を広げてみんなで頭を寄せ合ったりしている姿を見ると、この図書室が子どもたちにとって、ゆったりとくつろげる場所になっていることを感じ、嬉しく思います。

入学当初は、なかなか集中して聞けなかった一年生も、担任の毎朝の読み聞かせや、ボランティアの読み聞かせの時間を積み重ねながら、上手に聞けるようになってきました。内容の理解には個々に差がありますが、一人ひとりのペースで成長していることは確かです。

また本校では、三年前から各学年の教室に毎月絵本の月刊誌（幼児向きから小学校中学年向きのものまでを学年に応じて二～五冊）を学級図書として配本しています。子どもたちは毎月どんな本が届くのかとても楽しみにしています。絵本の配本によって、始業前や給食の待ち時間など、ちょっとした空き時間に本に親しむ子どもの姿がたくさん見られるようになりました。学級図書の充実も月ごとに図れています。さらに、高学年の教室には毎朝「子ども新聞」が届けられ、日本の活字文化に身近に触れる機会をつくっています。

物語の世界や新しい知識の世界にいろいろな形で出会うことによって、子どもが読書の楽しさや大切さに気付き、進んで本を手にとってみようという気持ちがもてるようにしていきたいと思っています。いろいろな図書館メディアを通して、日本や外国の文化に馴染み、日常生活を楽しくより豊かに過ごすことと共に、心豊かな国際人として育ってほしいと願っています。そのためにも、子どもたちが図書室に来るたびに新しい何かが発見できるような、日々進化していく図書館でありたいと思っています。

《コラム》

教育の原点を見つめて

山田祥子
（元職員）

いちょう小学校で過ごした四年間は「教育ってなんだろう。自分は教師として、子どもたちのために何ができるだろうか。」ということを考え続けた時間でした。いちょう小学校の子どもたちが直面する現実は、私が今まで生きてきた現実と比べると、はるかに多様なもので、「共感的理解」のため様々な努力が必要でした。自分にできることなど何もないように思われ、何度か道に迷いましたが、そこに一筋の光が見えたのはいつも、子どもたちをきちんと見つめることができた時だったと思います。全校ＴＴ体制は、子どもたちをたくさんの目で丁寧に見つめるために、必要で有効な手段でした。

「あの子がこんなことをできるようになった！」「今日は、いきいきと勉強していた」「昨日は守れなかった約束を、今日は守ろうと努力していた」子どもたちを細かく丁寧にみていくと、彼らの良さがよくわかりました。そんな良さを報告し合う短い打ち合わせの時間が、私はとても好きでした。他の先生たちと交わす会話によって、自分たちのやっていることが無駄ではなかったと自信をつけることができました。もちろん、一つの方法がうまくいかないこともありましたが、そういう時にこそ、子どもたちをより深く理解することができました。それなら次はこうしてみようとチャレンジする解決の糸口を見出すことができたのも、話し合いによって、子どもたち一人ひとりを丁寧に見つめることができたからだと思います。

いちょう小学校では、先輩の教師も自分と同じように悩み、試行錯誤を繰り返しています。後輩の教師も様々なことにチャレンジしようとしています。みんなで話し合うことで、みんな悩みつつも頑張っていることを実感することができました。

いちょう小学校は、みんなで語り合ったり、時には弱音を吐いたり、愚痴をこぼしたりしながらも、やはり最後は子どもたちの良さを見つめて、協力しながらよりよい解決の方法を探す、そういうシンプルな教育の姿勢を追求する場だったと思います。いちょう小学校で過ごした日々は、教育の本質と真剣に向き合える、教師として非常に幸せな時間でした。その姿勢はどこにいても、子どもに接している限り必要なものです。そういう意味では、いちょう小学校は決して特別な場所ではありません。とても大切なこと、教育の原点に立ち返ることを学ぶことができた四年間でした。

5 ベトナムレストラン開店物語

中河原昭夫・中向紀子
（個別支援学級担当）

ベトナムレストランを開いたわけ

個別支援学級では毎年、教職員を招待してレストランを開いています。「3・4くみレストラン」は、調理や買い物実習だけでなく、チラシ作りで文字を書く練習をしたり、看板作りで図工的な活動をしたり、お金の計算をしたり、一緒に活動する友だちやお客として来る教職員とふれ合ったり、まさに総合的な学習なのです。以前には、カレーレストランやおでん屋を開いてきました。

ベトナムレストラン開店のきっかけは個別支援学級に、平成一四年度に初めて外国（ベトナム）につながる子どもが入学してきたことです。その子が二年生になった年の最初の学級懇談会でのことです。その子のお母さんのAさんが「今年の3・4くみレストラン、ベトナム料理はどうですか？」と言うのです。私たちは「ベトナム料理でレストラン」など考えたこともなかったのでとても驚きました。話し合っていくうち「いちょう小らしくていい」と、〈ベトナムレストラン3・4くみ〉を開店することが決まりました。

レストランの看板

てんやわんやの試作会

平成一五年度のメニューはブンチャージョー（揚げ春巻きとビーフン）。ベトナム料理でレストランを開くと決めたものの、私たちはベトナム料理を本校正門前の店で食べたことはあっても、作ったことはありませんでした。そこで、試作会をもつことにしました。試作会の講師は、もちろんAさんです。

まずは買い物。レタスやきゅうり、肉などは近所のスーパーで買えましたが、ベトナムならではの食材はさすがに売っていません。正門前にあるアジア食材の店に行きました。Aさんが「これがベトナムたまねぎ。日本のより辛くないです。」「これがニュクマム。ベトナム料理によく使います。」と一つひとつの食材について、一生懸命日本語で教えてくれました。

食材がそろったところで、いざ調理開始。Aさんと私たちは簡単な日本語でやりとりしながら、試作会を進めていきました。ライスペーパーをビールで柔らかくするとおいしくなるという裏技や、ベトナムと日本の春巻きの巻き方の違いなど、いろいろ教えてもらいました。試作会は順調に行われていたのですが、突然問題発生。Aさんが何かを探しているのは様子からわかるのですが、それが何なのかがわからないのです。お互いに伝えよう、理解しようとするのですが、どうにもわかりません。困り果てた私たちはAさんの甥（本校の六年生）に通訳に来てもらいました。Aさんが言っていたことは、「大きな鍋があるか」ということでした。わかってしまえば、なぜそれだけのことが伝え合えなかったのかと、皆で大笑いしました。

ベトナムレストラン開店！

熱いアンコールに応え、翌年二回目のベトナムレストランを開きました。メニューはブンティットヌン（焼き肉とビーフン）。

ベトナムレストラン開店当日、昼の開店に向けて朝から「3・4くみ」は大忙し。子どもたちはもちろんのこと、個別支援学級全員の保護者にも参加してもらって、朝から約三〇食のブンティットヌンを作り始めました。給食調理員、栄養職員も手伝いにきました。

Aさんが中心になって調理が始まります。一年生のベトナムにつながる子どものお母さんも大いに活躍していました。子どもたちも買い物に行ったり、野菜を切ったり、調理員に教えてもらいながら春巻きを巻いたりと大活躍。みんなで力を合わせて三〇食のブンティットヌンができあがりました。あとは開店を待つばかり。

ベトナムレストラン開店！　子どもたちは店員さんに早変わり。担任の支援を受けながら、受付でお金をもらってチケットを配る係、お客さんに料理や飲み物を運ぶ係、下げた食器類を洗う係など忙しく働き始めます。学校の職員が大勢やってきて、「Bさんがんばっているね」「Cさん、おいしかったよ」などとたくさん声をかけてもらい、子どもたちもとてもうれしそうでした。

ベトナムレストランを開いたことで

現在、個別支援学級には日本人児童一人、ベトナムにつながる児童二人、計四人の子どもが在籍しています。ベトナムの食文化に触れることは、子どもたちにとってだけでなく、私たちにとっても貴重な経験になりました。しかし、何より、ベトナムレストランを開いたことでの一番の成果は、保護者同士の交流が深められたことです。今までにも授業参観や学級懇談会で保護者同士、何度も顔を合わせていますが、

ブンティットヌン
（焼き肉とビーフン）

材　料（４人分）

焼き肉…豚肉（ばら or ロース）500ｇ、にんにく25ｇ、レモングラス100ｇ、ごま25ｇ、しょうゆ大さじ１、はちみつ大さじ１、砂糖大さじ１、塩こしょう適量

た　れ…ニュクマム、レモン果汁、砂糖、水、にんにく、唐辛子

酢の物…にんじん１本、だいこん、レモン果汁大さじ３、砂糖大さじ２

ビーフン４人分、サニーレタス１/２玉、もやし１袋、きゅうり１本、ピーナッツ適量、ネギ１本、油

作り方

① にんにく、レモングラスを細かく切り、ごま、しょうゆ、はちみつ、砂糖、塩こしょうを合わせ、豚肉に下味をつける。

② 肉を厚さ1.5㎝くらいまでゆるめに巻きつけていく。

③ グリルにアルミホイルをしき、中火で両面焼く。

④ にんじん、だいこんを細く切り、レモン果汁、砂糖で味付けし、酢の物を作る。

⑤ レタス、きゅうりをもやしの大きさに切る。ピーナッツを細かく刻む。

⑥ ネギを切り、春巻を揚げた油とあわせてネギ油を作る。

⑦ にんにく、唐辛子を細かく刻み、ニュクマム、レモン果汁、砂糖（１：１：１の割合）と合わせてたれを作り、味をみながら水で薄めていく。

⑧ ビーフンを茹で、ザルにあけ、冷水にくぐらせる。

盛りつけ順

① 野菜　② ビーフン　③ ネギ油　④ 酢の物　⑤ 焼き肉　⑥ ナッツ　⑦ たれ

調理という活動を通して、より交流が深まったように感じられます。カレーやおでんといった料理ではなく、ベトナムの料理を作ったことが、ベトナムの保護者が積極的にかかわっていけるきっかけになったのだと思います。レストラン終了後、お母さんたちがみんなで作ったブンティットヌンを食べながら、「うちの子は…」と楽しそうにおしゃべりしている姿がみられ、このことをきっかけに積極的に学校にかかわるようになりました。Aさんは今年度、PTAの実行委員としても活躍しています。ベトナムレストランに挑戦して本当によかったと実感しています。

冬にもベトナムレストラン第三弾を開店予定です。「寒い季節だから今度は温かいものがいいね」とみんなで相談中です。

《コラム》

職員室こぼれ話

尾崎鎮久（前副校長）

来る者は拒まず

「校長先生いかがしますか」「ぜひ来ていただきましょう」こんなやりとりで学校視察の受け入れが決まっていきます。視察目的にそって、当日の運営を国際担当が検討します。職員は「またですか」と言いながらもすんなりと受け入れます。観光バスを一台仕立てた通訳付きの団体から、二名程度の視察まで多種多彩です。また、大学から研究の一環として児童の様子を見に来られる方もいます。

職員によっては教室に入った者は授業の協力者であるという認識で、児童の学習支援をお願いする者もいます。児童も担任以外の者が教室に入り授業を参観しても、特に意識することもありません。いちょう小に来られる方は、職員、児童にとって、お客様ではなく学習支援者なのです。来る者は拒まず、来た人から学ぶいちょう小学校。

通訳の手配は大丈夫?

個人面談・家庭訪問には母語に合わせて通訳を依頼します。この時間はベトナム語、この時間は中国語と…。そして、学年・兄弟関係を調整した学校全体の一覧表ができあがると、日本語教室の先生に通訳をお願いしたり、横浜市国際交流協会に市民通訳ボランティアを依頼したりします。しかし、通訳との時間がずれてしまい、通訳なしで母語のわからない担任が保護者を前に、ボディランゲージで気持ちを伝えようと悪戦苦闘する場面もあります。通訳を介して児童の様子を理解してくれた保護者の笑顔で、担任の疲れは癒されます。

今日は運動会?

「運動会」で土曜日に登校することを学校だより(日本語にルビを打っている)で知らせても、母国には「運動会」という習慣がなく、保護者が理解できないことがあります。集合時間になっても登校せず、電話で登校を促すと、どうにか開会式に児童が揃い、始められます。日本の学校習慣を保護者に理解してもらうのには時間がかかります。一番わかりやすく理解していただくのは、目で見て、身体で経験してもらうことだと思います。

食事はフォー

学校周辺にはベトナム料理の食堂、東南アジアの食材を売る店があります。誰が買ってくるのか、職員室に果実の王様「ドリアン」や、マンゴスチン、タピオカ等が持ち込まれることもあります。居ながらにして東南アジアの味に触れることができます。「夜の懇談会」の前にちょっと外に出て、ベトナムの代表的な麺「フォー」を食べることもあります。これも「多文化共生」のいちょう小の特色の一端です。

支えられて

いちょう小に来られた人は「校内がきれいですね」と異口同音に言います。日頃から技術員によって校門から玄関、廊下と清掃が行き届いているのです。玄関にあるフラワーアレンジメントの花籠も技術員の細かい配慮です。また、行事ごとに飾られる、業者が作成したのかと思われる立派な看板は、管理員が作成しています。さらに、給食調理員の団地祭り、運動会への協力等もあります。そして、縁の下の力持ちという言葉がありますが、個々の持ち場で協力している職員によって、今があると言っても過言ではありません。まさにいちょう小の職員は同じ釜の飯を食う家族です。

児童一人ひとりが国籍を問わず自分の居場所を見つけ、教職員だけでなく、地域、保護者、支援者に温かく見守られている学校、それがいちょう小学校です。

第二節　子どもの学びを共に支える職員の視点

1　中国人児童に寄り添って（保健室から）

大友裕子
（養護教諭）

Aさんが中国からやって来たのは、私が本校に赴任して三年目の冬でした。日本語がまったくわからないということを配慮し、保護者、校長、副校長との話し合いの結果、一つ下の学年に入ることになりました。担任からコミュニケーションをとるのが大変だという話は聞いていましたが、保健室で関わることもあまりなく、時が過ぎていきました。

保健室での出会い

新年度を迎え、健康診断がスタートした頃から、私にとってAさんはとても気になる存在になりました。四月から六月までの間にいろいろな検査や検診がありますが、服を脱がなければならない検査や、身体を触られるものには、強い抵抗を示したのです。内科検診や心電図検査は、「私は病気じゃない！」と断固拒否。尿検査・ぎょう虫検査も提出せず。歯科検診、歯磨き検査もだめでした。検診や検査で何をされるかわからないというAさんの不安感を取り除こうと、あの手この手で説明しましたが、解消されることはありませんでした。

やがて、Aさんは頭痛や腹痛を訴え、また、けがをしたといっては、毎日のように保健室に来るようになりました。初めのうちは、日本語・中国語共に流暢に操れる同じクラスの子が通訳として付き添って来てくれたので、なんとか対応できました。ところが頻繁に体調が悪くなるので、そのうち付き添いなしで来るようになりました。私にとって、Aさんと一対一で向き合うことが多くなるにつれ、言葉が通じないことは切実な問題になっていきました。

ちょうどその頃、中国語を習い始めていた私は、保健室で使える簡単な問診ができる中国語を教わってきてはAさんに言ってみる、という日々が続きました。「哪里痛？（どこが痛いの）」「昨天几点睡覚了？（昨日何時に寝たの）」私の怪しい中国語もなんとかAさんに通じたものの、まだ問題がありました。Aさんが中国語で言葉を返してくれても、何と言っているのか聞き取れず、辞書片手に悪戦苦闘。言葉が通じないという、私のもどかしい思いは募るばかりでした。でも、それ以上に、Aさんは、もっともっと困っているのだろうなと思いました。そして、Aさんが眉間にしわを寄せ、困ったような顔で保健室に来るたびに考えました。「言葉も文化も習慣もまったく違う世界にたった一人放り込まれて、どれほど不安で心細い思いをしているだろうか」「Aさんの頭痛や腹痛も適応しようと頑張っているストレスから起こっているのではないか」と。また、私が少しでも中国語を話すことができれば保健室に来たときに安心できるのではないかと思い、中国語の習得にも力が入りました。

病院はこわい!?

こんなこともありました。「足の指に水ぶくれができた」と何日も続けて保健室に来たのですが、日ごとに水疱は増えて大きくなり、足から手へと広がってきました。伝染する病気も考えられたので、私は病院にかかったほうがよいと判断しました。しかし、「病院はこわいから絶対行きたくない」と言うAさん。それまでの経過や、保護者が共働きで夜遅くまで帰って来ないことなどを考えると、このまま通院も治療もしないで、どんどんひどくなってしまうかもしれないと思いました。そこで、通訳の方にお願いして、保護者代わりのAさんの祖父に、病院に行くように話していただきました。さらに、近隣の皮膚科の地図を描いて渡し、学校から病院に予約の電話を入れ、受診してもらいました。診察の結果は「とびひ」でした。Aさんの場合は、言葉の問題と強い不安感が重なったため、受診を勧めるのに一苦労でした。また、外国につながる子どもに関しては、例えばむし歯の治療ひとつにしても、「治療のおすすめ（勧告書）」を渡しただけではその意味が伝わらないことがあります。日本語が通じない保護者にきちんと伝えたいことは、翻訳版を渡した上で、家庭訪問や個人面談などの通訳が入る機会に、担任から直接話をするようにしています。保護者が病院での日本語のやりとりに不安をもっていることもあるので、場合によっては、一緒に病院に行って医師に状況を説明したり、処方された薬の飲み方を保護者に伝えたりと、一歩踏み込んだ対応をすることもあります。

また、外国につながる保護者に出席停止の意味を理解してもらうことにも、工夫が必要です。子どもが水疱瘡にかかって全身に発疹が出ているのに登校したり、病院に行かず保護者の判断だけで「もう治った」と登校したりすることがありました。初めのうちは「どうしてこんな状態で登校してくるの？」などと思っていましたが、国によっては出席停止という制度や概念がないのかもしれないと気付き、もっと丁寧に対応すべきだったと反省しました。今では、出席停止についての文書の各国語版を作り、口頭でも分かりやすく説明しています。

多くの人に見守られて

教室での学習においても、Aさんはすんなりとはいきませんでした。国語や算数は意欲的にやっていましたが、経験のないものや自信がないものは、体が動かなくなってしまうので、担任は四苦八苦していました。特に体育・音楽・図工などの技能系の教科は抵抗が大きかったようです。体育は教室での着替えをいやがり、保健室で着替えることもありました。夏の水泳学習も中国では経験がなかったらしく、Aさんは参加しませんでした。見学のために担任がプールまで連れて行っても、逃げ出してくるほどでした。しかし、担任はあきらめず、学級経営の中心にAさんを据え、ねばり強く関わり続けました。保護者とも、通訳を交えて何度も話し合いました。

また、週に数回の母語を使って学習できる日本語教室や国際教室の時間には、担当者がAさんの不安な気持ちを聞き、学校生活の様々なことをわかりやすく話し、早く学校生活に適応できるように随分配慮していました。そして何より、クラスの子どもたちはAさんを理解しようとし、優しい気持ちで見守り続け、時には通訳としても活躍してくれました。そんな中でAさんの頑なな気持ちは、少しずつほぐれていったように思います。

本当はおしゃべりだったのね！

飛躍的な変化が見られるようになったのは、九月に行われた運動会からです。足の速かったAさんは、リレーの選手に選ばれました。それまで、体育はほとんど見学だったAさんでしたが、着替えも抵抗なくできるようになり、残暑のきびしい中でも練習に参加するようになりました。そんなAさんを見て、職員はみんな「これをきっかけに自信をもち、何にでも取り組むようになってほしい」と願い、本番でAさんがしっかりと走りきった時には、心から喜び合いました。Aさんの自信にあふれた顔が今でも思い出されます。その後、Aさんはいろいろなことにチャレンジするようになり、友だちとの関わりもどんどん増えていきました。Aさんの足が保健室から遠のき始めたのは、ちょうどその頃でした。

Aさんはその年度の終わり頃には、日本語をかなり理解できるようになっていました。しかし、まだ言葉に自信がもてなかったのか、国際教室や日本語教室以外では、必要最低限しか日本語を使おうとせず、話しかけても小さな声で返事をするという状態でした。ある日久しぶりにAさんが頭痛を訴えて、来室しました。ベッドに休ませていると、突然大きな声で私に日本語で話しかけてきました。傍に座ると、クラスのことや家のことを一時間近くしゃべり続けました。Aさんの変身ぶりにびっくりするやら、うれしいやら！　私は張りのある声を聞きながら、Aさんの「言いたいことが言える喜び」「言葉を獲得した自信」を感じました。来日してから一年半、Aさんはやっと本来の自分をのびのびと表現できるようになったのだと思うと、胸が熱くなりました。

このようなAさんの変容は、本人の努力はもちろん大きかったのですが、担任をはじめ、すべての職員が、Aさんが本校で自信をもって生活できるようになることを願って連携し、それぞれの立場で関わっていった結果なのだと思います。

互いに理解し合うために

Aさんとの関わりを通して、言葉や習慣が理解できないことからくる不安はとても大きいものだと改めて感じました。外国につながる子どもたちを受け入れる際には、そのことをしっかりと心にとめて関わっていくことが必要だと思います。そして、相手の国の文化や習慣を知り、保護者も含め、子どもをまるごと理解しようとすることが大切だと思います。

保健室には、Aさんのように身体的な訴えの裏に不安や緊張を抱えている子どもたちも多く訪れます。

私も養護教諭として、これからも多くの人と連携しながら、子どもたちの心と体を受け止め、寄り添い、安心して学校生活を過ごすことができるように支援していきたいと思います。

2 給食にベトナム料理を（給食室から）

土方直美・津田ます江
（栄養職員）（調理員）
片桐展和・小枝千代子
（調理員）（元本校調理員）

隠し味は「愛情」

本校は、児童数二一五、職員数二三の給食を調理員二名と栄養職員一名で作っています。温かい献立は給食時間直前にできあがるように、また、冷たい献立は冷たく配膳できるように保冷庫を活用しています。衛生と安全に心がけて作ることは、どこの学校の給食室でもあたりまえですが、さらにもうひと味加えています。それは、子どもたちがまた食べたくなるような給食を作る「愛情」です。

日本の献立になじみの少ない子どもが多い学校ですが、給食の残量はほとんど〝なし〟です。食缶が空で返却されることは、給食従事者（調理員・栄養職員）にとって、大変うれしいことです。作る側の心情として、ますます手をかけておいしく作ろうと思うようになります。献立のレパートリーを増やすために、ごはんは業者からの委託炊飯をやめて自校炊飯に切り替え、オーブンも導入しました。その結果、まぜごはんやグラタンを実施し、子どもたちに喜ばれています。

ベトナム料理に挑戦

さらに、本校らしい給食を作れないかと考えました。ベトナム料理はどうだろうか？　本校の正門前にはベトナムの食材店やベトナム料理店があります。年に一度ある自治会主催の「いちょう団地祭り」でも、ベトナム料理の屋台が出ています。しかし、ベトナム料理を食べたことはあっても、作ったことはありません。作り方をインターネットなどで調べてみましたが、よくわかりません。

ベトナム料理の実習

ちょうどその頃、個別支援学級でベトナムにつながる保護者Aさんの協力で「ベトナムレストラン」を実施する計画を耳にしました。早速Aさんに「給食で作ってみたいのですが、作り方を教えていただけないですか」と声をかけると、快い返事が返ってきました。

まず、献立を何にするかの相談です。給食で使える食材で、加熱した献立で、麺を使った温かい料理「フー・ティウ」にすることに決めました。Aさんは日本語で一生懸命説明してくれました。個別支援学級で行った「ベトナムレストラン」の学習に調理員と栄養職員も参加し、Aさんとコミニュケーションを図りました。

そして、平成一五年の夏休みに家庭科室で、Aさんから実際に教わりました。たくさんのにんにくのみじん切り、豚骨とするめで取ったスープ、小さな赤たまねぎ、米の粉で作ったライスヌードル。初めて使う食材、初めて作る献立をAさんは丁寧に教えてくださいました。当日は学習教室や水泳指導も行っていたので、他の教職員や学習ボランティアも、手のあいた時に手伝ってくれました。暑い夏の日に、熱い「フー・ティウ」をみんなでおいしく食べました。

給食で実施する日を平成一六年二月の土曜参観の日と決め、その日を迎えるまでに、調理員、栄養職員は自宅で何度か試作しました。

いよいよ本番

「フー・ティウ」を作る日が来ました。子どもたちにベトナム料理を紹介するプリントも作り準備万端です。豚骨とするめのスープはとてもよい味です。小さな赤たまねぎをたまねぎに替えて給食風に作り、途中まではなかなかのできです。しかし、少量を作るのと給食のような大量に作るのとでは、やはり違いました。下ゆでしたライスヌードルを入れたところで、麺が水分を吸ってしまい、あっという間にスープがなくなってしまいました。Aさんが教えてくださったものとは、見た目が全然違ってしまいました。どうしよう…。容赦なく給食時間は来てしまいます…。

当日はAさんにも子どもたちと同じものを食べてもらいました。なんだか申し訳ない気持ちでしたが、給食時間が終わりAさんは、それでもにこにこと「私が初めて作ったときと同じ」と言ってくれました。この言葉で調理員、栄養職員は「あんなにおいしく作れるAさんでも最初は失敗したんだ。私たちも次は成功させよう。」と思いました。失敗の原因は何か話し合い、反省しました。

このベトナム料理作りでAさんと交流がもてたことは大変よかったです。その後もお会いするたびにいろいろな話ができるようになりました。

本校の子どもに「いちょう小の子でよかったよ。給食おいしいから。」と言われたことがあります。子どもたちのために作っている給食です。残さず食べる子どもたちに、もっとおいしい給食を作り、給食を楽しんでもらおうという気持ちがこみ上げてきます。そしてベトナム料理「フー・ティウ」を次回は必ず成功させて、子どもたちとAさんに喜んでもらいたいと思っています。

3　マルチ事務職員七変化?

石井健一
（事務職員）

あるときは臨時保育士　～夜の懇談会はてんやわんや～

「お部屋の中で走らないのはお約束だよね」大声での制止をよそに、就学前の子どもたちが、勢いよく走り回ります。一人でも多くの保護者の参加を期待して、午後七時から設定している懇談会もあります。小さな子どもを一時預かるのも同じ理由からです。けれども、数名のスタッフで、年齢差が一〇歳もある子どもたち三〇人以上を飽きさせず、静かに二時間も過ごさせることは至難の業です。けががなくてよかった。

あるときはSP（身辺警護）？　～遠足付き添いも楽じゃない～

「班長さんは次へ行こうと言っているよ」何度叫んでも効果なし。班行動よりも自分の大好きな動物が見たいのです。今年の全校遠足は動物園。迷子にならないか、けがはないか、迷惑な行動はしていないか、東奔西走、四方八方に気を配って帰校すると、心身の疲労は思った以上のもので、しばしの放心状態。事故もなく最後まで班行動ができてよかったと、つくづく。

そしてあるときはバスケットのやさしいコーチ　～「ひきつる顔」を笑顔でかくし～

「ボールのキャッチは、手のひらをボールに向けるんだよ。突き指しないためにね。」大声だけどやわらかな口調で指導します。けれども、試合になるときつい口調になってしまうのはいつも反省材料。毎年五年生を対象にした、近隣三校の交流の球技大会が開催されます。始業前の指導に参加するのですが、自分が好きなことだけにさほど苦にはなりません。早起きは大の苦手なのですが…。

本業も「マルチ」そして「多文化共生」〜これぞ事務室の真骨頂〜

学校予算についても、文化の「マルチ」に対応する必要があるという特色が本校にはあります。事務室の「マルチ」が要求される重要な部分です。指導計画には必ず予算の裏打ちが必要となります。一定の配当予算の中で、「多文化共生」の看板を掲げる本校の指導計画をどのように保障していくのか。毎年減額される配当予算を恨めしげににらみ、頭を抱えながら練り上げる予算執行計画が、どの程度寄与できるのか。事務室の力量が試されるところです。

「多文化共生」に関わりのあるものは、国際教室のための費目や日本語教室のための費目などがあげられますが、予算総体の中でも多岐にわたります。どのような指導計画があり、それがどのような内容のものかを理解し、どのような設備や物品が必要なのかを、実際に携わる職員と調整することが、年間にわたって必要となります。また、「多文化共生」に関わる予算を、どのように反映させて、総体としての年間学校予算の執行計画を策定するかも、年ごとに重要さを増してきています。

悩みはつきないけれど… 〜多文化って楽しい〜

策定した予算や決算など経理の情報を、本校の教育の内容と共にどのような形で保護者や地域などに発信すればいいのか、ホームページがいいのか、また、冊子にして配付したほうがいいのか、それとも懇談会などを利用して口頭での説明が有効なのか、言語は何ヵ国語にすればよいか、翻訳はどこにお願いしたらいいのか、外国語のプリンターがあるのか、など解決しなければならないことは限りないことも事実なのです。

多文化共生をメインテーマとする本校として、どのような事務室経営が期待され、有効なのか、「マルチ事務室」「マルチ事務職員」が是なのか非なのかも含め、試行錯誤を続けています。多文化の環境を楽しみながら…。

4　多言語対応事務室繁盛記

東　美江
（事務職員）

八ヵ国の外国につながる児童が通う本校には、日本語が十分に理解できない保護者がいらっしゃいます。そのため、必要書類の提出や集金をお願いしたいときなど、単に学校からお知らせを出すだけでは、きちんと内容が伝わらない場面も数多くあり、個々の家庭事情を把握した事務対応が必要不可欠となっています。

就学援助事務も多言語対応

例えば、どの学校でも毎年四月に学用品費や給食費などを援助し、児童の就学を奨励する就学援助という制度の申請事務を行っていることと思いますが、本来であれば、同一の書式を一斉に配り、後は家庭からの提出を待つだけで済むでしょう。ところが、本校でそのとおりのことをしたなら、書類の内容が伝わらず、おそらく現在の申請者数は半分近い人数に落ちてしまうはずです。

そこで、本校ではまず、中国語・ベトナム語・カンボジア語・ラオス語といった各国語版の翻訳を教育委員会から取り寄せ、どの家庭にどの言語の翻訳を渡せばいいかを調べ、それぞれの文書に宛名書きをすることから就学援助事務を始めています。通称名を使っている場合もあり、名前だけでは判断しきれないので、国際教室担当に確認してもらいながらの作業です。

国と言語の不一致？

しかし、単純に国籍に合わせればいいのかというと、そういうわけにもいきません。カンボジア出身の児童だったのでカンボジア語の翻訳を付けていたら、実は保護者は中国系の方でまったく意味が通じていなかったということもありました。自分は日本語が読めるので翻訳は付けないでほしいというご家庭もあります。

さらに、こうした翻訳も本校に関わる国すべての言語に対応しているわけではありません。また、文章量が多いために重要な箇所が埋没してしまうといった問題点もあります。すべての家庭にすんなり理解してもらうには難しい状況です。添付書類が揃わず、何度も学校と保護者の間を書類が行ったり来たりすることもしばしばあります。

多くの関係者との連携の中で

このため、元の翻訳の必要な部分だけをピックアップして加工するといった、自分でできる範囲の工夫はもちろん、日本語教室の先生に母語で電話をしていただいたり、個人面談や家庭訪問といった通訳さんが付く時に担任から話していただいたりと、さらに様々な形でのアプローチが必要になってきます。そうした過程を経て、初めて一つの事務を完了することができるのです。

このように、学級担任や国際教室担当、日本語教室の先生、通訳ボランティア等、多くの方々との密接な情報交換と協力体制をとることによって、本校の事務室は運営されています。どのような方法が最善であるのか、まだまだ解決しなければならない課題は残っていますが、たとえ言葉が通じなくても、学校との連絡が取り合える関係を築いていけるよう、より一層努力していきたいと思います。

5　技術員室から見たいちょうっ子

富田春子・時田紘八郎（技術員）

子どもたちとのふれあい

私たちは、本校の子どもたちが安心して学習できる環境を整えています。年々児童数が減少傾向にある地域ですが、外国につながる子どもは増加傾向にあり、今年度は全体の約半数になります。いろいろな国の友だちと同じ時間を共有できるということは、子どもたちにとってとても素晴らしいことだと思います。

いちょうっ子は、教職員はもとより学習ボランティアとして来校される方々からも、いつも温かく見守られているせいか、とても人なつっこい性格をしています。私たちも子どもたちとふれあう場面が数多くあります。

ベトナムにつながる児童との交流

そんな関わりの中で一番印象に残っていることはベトナムにつながるAさんが一年生だった頃の出来事です。私たちが校舎の外の掃除をしていると、「手伝う」と言って近寄ってきました。Aさんは、毎日毎日落ち葉を掃きに休み時間が始まるとやってきました。そして自分より大きな竹ぼうきで一生懸命に掃いてくれました。掃除する場所によっては、熊手とほうきを使い分けて、とても上手にテキパキとチャイムが鳴るまでひたすら手伝ってくれました。あまり毎日貴重な休み時間をさいて来てくれるので、私たちは何だか気の毒に思い、「遊んできたら」ともちかけても、「大丈夫。僕はお掃除が好きだから。」と言ってきかないのです。

そのうちにAさんのクラスメイトも一緒に来るようになりました。担任は、「おじゃましていないかしら」と心配そうでしたが、そんなことはまったくなく、私たちにとっても、楽しいひとときになっていました。ぼんやりしていると、「お掃除するよ」と誘われることもあり、子どもたちとの落ち葉掃きはしばらく続きました。お掃除が終わってお礼を言うと、いつもとても満足そうな表情をして、「また明日も来るからね」と言って教室に帰って行きます。

そんなある日、Aさんが、「お母さんにぼくのほうきを買ってって頼んだ」と言いました。買ってもらったかどうかはわかりませんが、あれから一年経った今でも忘れられない出来事です。ほんの短い時間だったかもしれませんが、心が通じ合うことができてうれしく思い、子どもたちがとてもたくましく大きく見えました。

いちょうっ子を応援します!

日本で暮らすということは、様々な背景があると思いますが、子どもたちなりに日本の生活に一生懸命順応しようと頑張っているのでしょう。日本の子どもたちも外国につながる子どもたちを自然に受け入れているように見えます。時には問題が起こることもあるとは思いますが、技術員室から見える校庭での子どもたちは、国籍、男女、学年が混ざり合ってのびのびと遊んでいます。そんな姿を見ていると、私たちも不思議に元気になってきます。これからもいちょうっ子たちを陰ながら応援していきたいと思います。

《コラム》

いちょう小学校と私

香川りか
（学校運営補助員）

私が学校運営補助員としていちょう小学校にきたのは五年前になります。今でも第一日目の緊張を思い出します。でも、それはすぐにほぐれました。なぜなら先生方の優しい対応、微笑み…。また何よりも子どもたちの人なつっこさ。なんだか昔懐かしい感じさえしました。今ではそれがとてもうれしくて、いちょう小学校に行く日が楽しみでなりません。

私は、各学年の校外学習に付き添いで行くことが多いです。毎年どの学年も男女の仲がよいです。いちょう小学校では、数カ国の子どもたちが、一つのクラスで共に勉強・生活をしています。学校内外で発表する場があると、その子どもたちが互いの国の文化（言葉・食・踊りなど）を教え合い、一致団結した姿を見せてくれます。

いちょう小学校は、居ながらにしていろいろな国の文化にふれることができるので、とても素敵な体験ができる学校だと思います。

国を超えた子どもたちのまとまりは、運動会の時に強く感じます。各国の言葉に翻訳されたスローガンは、とても印象的です。

第三章　国際教室の運営

1　国際教室の役割

菊池　聡
（国際教室担当）

神奈川県では、帰国及び外国籍児童生徒等が、すみやかに日本の小・中・高等学校の学習及び生活に適応し、さらにその特性を十分に活かせるように、受け入れ指導、適応指導の充実を図るため、平成四年度から国際教室を設置しています。設置に当たっては、日本語指導が必要な外国人児童生徒が、五名以上で原則として担当教諭一名を配置し、二〇名以上で二名配置しています。

横浜市（平成一六年度）では、小学校三二校、中学校一六校、合計四八校に国際教室が設置されています。本校では、この制度が導入された平成四年度から国際教室（ふれあい教室）を設置し、日本語指導、適応指導、教科指導等を行っています。

国際教室の目的

国際教室の目的は、横浜市教育委員会「国際教室配置校実施要領」によれば、以下のとおりです。

（1）外国から日本に編入した外国人児童生徒の学校教育への適応を促進するとともに、外国人児童生徒一人ひとりの個性の維持伸長を図る。
（2）外国人児童生徒に対する教育指導の実践及びそのための研究を推進することにより、その成果を学校教育に反映させる。

本校国際教室の取り組み

本校では、学校全体で、外国につながる児童や保護者に対する支援をするとともに、日本人児童や保護者に対する働きかけを行っています。国際教室では、管理職や職員と連携を図りながら、こうした取り組みをコーディネートし、日々の連絡調整を行っています。また、横浜市教育委員会や文部科学省の事業を推進する役割も担ってきました。

（1）日本語指導、適応指導、教科指導に関わる取り組み
ア　入学（転入学）希望者に対する面談
・本人と保護者に対する本校の指導方針、教育課程、日本語教室等についての説明
イ　二名の担当教諭による通級指導、入り込み指導、特別指導
・初期日本語指導

・JSL(Japanese as a second Language)カリキュラムの考え方を生かした日本語指導
・生活適応指導
・教科指導
・日本文化理解
・母国文化理解

（2）多文化共生に関わる取り組み
ア　多文化共生を図る授業づくり
イ　世界の料理集会等の開催（水餃子づくり、ベトナムレストラン＝個別支援学級）
ウ　横浜市教育委員会「国際平和スピーチコンテスト」への参加
エ　国際理解委員会からの発信（多文化マップ、壁新聞等）
オ　PTA主催「母語教室（中国語）」の開催
カ　運動会での各国語スローガン掲示・発表
キ　入学式・卒業式での各国語祝辞の掲示
ク　各国民族衣装等の収集・貸し出し

（3）保護者とのコミュニケーションを図る取り組み

ア　家庭配付文書へのルビふりや母国語での文書作成のコーディネート

イ　家庭訪問、個人面談、学級懇談会等に通訳派遣を依頼

ウ　夜の懇談会・国際懇談会（言語別懇談会）のコーディネート

（4）地域と連携した取り組み

ア　いちょう日本語教室との連携

イ　上飯田地区四校の連携

四校連絡会への参加　四校児童生徒交流会への参加

ウ　幼保小中高の連携

四校連絡会による保育園、幼稚園、高校との懇談会の開催

エ　大学との連携

東京学芸大学国際教育センターとの協働研究

オ　自治会・行政・ボランティアとの連携

いちょう多文化共生まちづくり懇談会への参加

泉区役所主催「泉区国際交流祭り」への参加

ＮＰＯ法人かながわ難民定住援助協会と「親子日本語教室」を共催（文化庁事業）
多文化まちづくり工房・風の子による夏休み学習教室支援

（５）横浜市教育委員会の事業
平成一三年～「在日外国人にかかわる教育実践地域校」事業（四校連絡会としての依嘱）
平成一六年～「在日外国人にかかわる人権教育・泉ブロック」事業（四校連絡会としての依嘱）

（６）文部科学省・文化庁の事業
平成一二年～一三年「外国人子女教育受け入れ推進地域」（四校連絡会としての指定）
平成一四年～一五年「帰国・外国人児童生徒と共に進める教育の国際化推進地域」センター校
平成一四年～一六年「学校の余裕教室等を活用した親子参加型の日本語教室開設事業」（文化庁）
平成一五年～一六年「学習指導カウンセラー派遣事業」

2 日本語指導のしくみ

金子正人
（国際教室担当）

転入～日常会話の獲得

国際教室の授業

本校では、日本語のわからない児童が転入した場合、まず在籍学級で受け入れます。生活の基盤を在籍学級に置き、友だちと過ごす時間を多く取るようにしますが、日本語学習の時間は在籍学級を離れて一対一で学びます。日本語学習の場として次の四つの教室があります。「いちょう日本語教室」において、中国語・ベトナム語・カンボジア語のわかる先生方が、母語を用いて日本語の初期指導を実施します。「日本語教室」の指導は通級指導で、原則として一年間の期限付きです。並行して「国際教室」でも日本語指導、生活適応指導や教科の指導を行います。「国際教室」の指導は、児童の実態に合わせて通級・入り込みの二通りの指導形態を採ります。初期指導段階では主に通級指導、中期以降、在籍学級での学習に参加する段階では、入り込んでの指導が主になります。以上二つの教室は学校の授業時間内及び放課後の時間に指導が行われます。

「日本語教室」「国際教室」とは別に、外国につながる児童への日本語指導の場として、大学の支援スタッフによる放課後の「特別指導」や、NPOと学校が共催する「親子の日本語教室」があります。放課後の「特別指導」は、東京学芸大学国際教育センターの齋藤ひろみ助教授を中心とする「外国人児童生徒の日本語および教科指導に関する研究」プロジェクトスタッフが、毎週水曜日と木曜日に来校し、実施してくださるものです。

本校では、日本語指導の必要な児童に対して、学校内外のスタッフが協働して支援をする体制ができつつあります。子どもは在籍する学級において、友だちや担任の日本語のシャワーを浴び、どんどん日本語を吸収していきます。個人差はありますが、半年から一年の間で、多くの転入児童は日常会話には困らない程度の日本語を身に付けていきます。

友だちや担任の話が理解できるようになると、本人も周囲の大人も一安心し、日本語を学ぶ必要感も薄れてきます。多くの場合、ここで日本語学習を中断し、日本人児童と同じように在籍学級での学習に参加することになります。しかし、この段階で支援を中断してしまうのは大きな問題だと考えています。

学習言語の習得

そこで本校では、「日常会話」から「教科指導」への橋渡しとして、読んだり書いたりする力を重視し、同時に学習に参加するために必要とされる言葉（学習言語能力）の習得に向けた授業づくりを、学校全体として行っています。指導に際して私たちが心がけていることは、「直接体験」または「間接体験」を重視し、「具体物」や「半具体物」を用いて理解を確かなものにしていくということです。国際教室でも、実際の授業場面で要求される考え方や技能を、トピックを通して体験的に学ぶ「JSLカリキュラム」の考え方を活かした指導を採り入れています。

本校の外国につながる児童の多くは、日本に定住し、日本の社会で生きていくことを前提に学んでいます。そのため「聞く」「話す」に加え、「読む」「書く」を大切にし、文章を読んだり、書いたり、自分を表現したりする力を高める工夫をしています。その一つが、本の読み聞かせです。一年生は毎朝、読み聞かせを行い、子どもたちに「書き言葉」の世界を楽しく伝え、読書への興味をもたせる努力をしています。他のクラスでも担任や副担任が読み聞かせをする一方、地域ボランティアが開いた「モチモチ文庫」の先生にも来ていただき、様々な本を読み聞かせていただいています。さらに家庭学習に音読練習を課したり、授業の中でも音読を大切にした指導を行ったりしています。また「書く」活動においては、日々の生活日記や観察日記、探検日記等に力を入れるとともに、行事作文や感想文等の長文も、時には聞き取りや、対話を通して最後まで書き上げられるよう支援しています。

また毎年七月に行われる区のスピーチコンテストに向けた校内スピーチコンテストの取り組みでは、四年生以上の児童全員が自分の思いを表現し、最終的には原稿を見ずに発表しています。この取り組みは、外国人児童が自分のルーツについて考えたり、転入してきて日本語がわからなかった頃の苦労を語ったりするとともに、日本人児童が自分自身や学校生活を振り返るよい機会となっています。原稿を見ずに発表する機会は、スピーチコンテスト以外にもたくさんあります。学習発表会、授業参観、委員会活動、クラブ活動、児童集会、行事等における発表場面では、指導に当たる職員が、原稿を読まずに「自分の言葉」で話すための支援をきめ細かく行います。日本で生活していく外国人児童に必要な日本語は何かを考えれば、支援の在り方も自ずと決まってくるのです。

本校では、「日本語指導は日本語教室や国際教室がやればよい」という固定的な考え方はなく、すべての教育活動で「言葉を大切にした指導」を行っています。

第三部　多文化共生の授業づくり

クリスマス　12月

第一章　授業実践

1　自分のルーツを大切にした授業づくり（平成一二年度・総合的な学習の時間）

高橋　亨
（六年担任）

無意識？　無関心？

いちょう小学校には多くの外国につながる子どもたちがいます。私は転任して六年目となりますが、その間、素晴らしいことに「おまえは○○（相手の国名が入ります）に帰れ！」という悪口を聞いたことがありません。もちろんけんかや言い争いはよくありますが、子どもたちは国のことなどお構いなく、「対等に」けんかをしています。けんかはともかく、その点は大人の社会も見習うべきだと思います。

ところが、子どもたちは相手や相手の国を尊重しているから言わないのではありません。むしろ相手の国のことには、あまり関心がないのです。私は常々「これはもったいないなあ」と感じていました。

このように、いちょう小学校には外国につながる子どもたちが非常に多いのに、それを「どうしてだろう」と考えている子どもたちはほとんどいません。でも、「無意識になるくらい自然に受け入れている」のともちょっと違う気がします。また、外国につながる子どもたちでも、「自分がどうして日本に、いちょう小学校にいるのか」などとは、あまり考えたこともないようです。

私は子どもたちに「いちょう小学校っていいな」と感じてもらいたいと思っています。そのためには、このことをもっと感じ、考えてもらう必要があると考えていました。

「多文化」を意識しながら

六年生を担任した時、総合的な学習では、「異文化の中の自分を見つめて」（まだ「多文化」は使っていなかった頃です）というテーマで、多文化の中で生きる自分について振り返り、よりよい生き方や共生に向けて考えていこうと取り組んでいました。

その中で、「それぞれの国の戦争」について調べていくこととなりました。それまでに日光修学旅行で日本の歴史・文化にふれ、校内スピーチコンテストで学級のよさや今の自分について振り返っていました。そして今回、社会で学んだ戦争についてさらに詳しく、さらに広げて調べていくことで、友だちの国に対する新しい見方をもったり、自分自身についての認識を深めたりすることができると考えました。

みんな「戦争」が関係している

実際の学習では、グループごとに、日本、中国、ベトナム、カンボジアのグループに分かれて本を調べたり、さまざまな地域で「戦争」を経験した地域の大人にインタビューをしたりして、まとめていきました。

実は、いちょう小学校にいる多くの子どもたちの背景には、それぞれの国での戦争が大きく関係しています。中国から来ているほぼすべての子どもたちは、中国残留婦人ならびに残留孤児の子ども、あるいは孫に当たります。ベトナムはベトナム戦争で敗れた南ベトナムの人々、カンボジアはポル・ポト軍事政権を逃れ、難民となった人々の子どもたちです。

つまり、いちょう小学校にいろいろな国の子どもたちがいることと戦争とは、はっきりとつながっているのです。

カンボジア人のAさんは、お母さんに話を聞きました。一九七五年に始まったポル・ポト派の内戦から逃れたお母さんは、ベトナムでAさんを生みました。彼は発表で、「自分がどうしてベトナムで育って、日本に来たのかわかった」と感想を述べました。

中国で孤児になってしまった祖父の話を母親から聞いたBさんは、「おじいちゃんはまだ、思い出すのがつらいみたい」と心配していました。

また、日本の原爆について取り上げた子どもたちは、長崎で被爆した団地のお年寄りを訪ね、証言をビデオで発表しました。これを聞いた中国生まれのCさんは、「原爆のことは初めて知った。こんなふうに勉強ができてよかった。」と感想を書きました。

発表のまとめとして、ベトナム難民として来日し、その後通訳となったチャン先生に、当時のお話を伺いました。命がけの話に皆、真剣に聞き入っていたのを思い出します。

振り返って

今回の学習では、外国につながる子どもたちが自分の国の歴史（自分のルーツ）を調べる中で、自分自身について振り返り、考える姿がありました。自分の保護者や祖父母に対する取材が多かったので、学習では普段遠慮がちな子どもたちが、インタビューの中心となってがんばっていたのもよかったと思いました。そのがんばりと誇りをもって、これからも生活してもらいたいと感じました。

また、日本の子どもたちも、いちょう小学校にはどうして外国につながる子どもが多いのかを知り、友だちに対する理解を深めることができました。さらに、戦争がつらく、苦しく、悲しいことであることも実感できたと思います。

ただ、戦争や難民の問題は、とてもデリケートな内容でもあるので、扱うことについてはためらいもありました。自分自身に「正しい歴史認識」があるかと言われると、正直自信もありません。しかし、チャン先生に「このような取り組みをどんどん進めてもらいたい」と励まされ、副担任にも全面的にバックアップしてもらいました。

小学校を卒業して成長していく中で、「国の違い」を感じることが増えていくことでしょう。それもいい方向ばかりではないと思います。そんな時に、「多文化共生」を心にもつ子どもたちが力を合わせて、その困難を乗り越えてくれる。そう信じて、このような取り組みを続けていきたいと思っています。

2　母国の文化を大切にした授業づくり（平成一五年度・総合的な学習の時間・家庭科）

山田　昭・鈴木裕子
（五年担任・副担任）

すすめ！　いちょう米つくり隊

本校では、五年生の総合的な学習の一つとして、毎年お米つくりに取り組んでいます。春の苗づくりから始まり、農家の方を招いての田植えあり、夏休みの害虫退治あり、秋の稲刈りあり、そして最後のお楽しみ、お米パーティーまでの長い取り組みです。わがクラスでは、その学習を「すすめ！　いちょう米つくり隊」と名付け、取り組みました。

世界のお米料理を作ろう！

「とれたお米をどうやって食べようかな？」と聞いたときのみんなの反応は、けげんなものでした。「なに言ってるの、お米は炊いて食べるに決まっているでしょ！」といったところでしょうか。そこで私は、日本には赤飯あり、中国にはチャーハンあり、ヨーロッパではお肉の付け合わせになることもあるなど、様々なお米の食べ方について話をしました。

文化にはそれこそ多様な面がありますが、その中で「食文化」というのは大きな位置を占めるものだと思います。外国の味や、食材の違いに、だれでも一度はびっくりしたことがあると思います。

わがクラスの子どもたちの母国は、日本・中国・ベトナム・カンボジア・ラオスと、いずれもお米の文化圏です。ですから、いろいろな国のお米料理を通して、文化の多様さにふれ、興味や関心をもたせることができると考えました。同時に、それぞれの国の子どもたちにとっては、母国の文化にふれ、大切にする気持ちを育てるのにもとてもよいと考えました。そこで、子どもたちと相談した結果、お米パーティーに先立ち、いろいろな国のお米料理を調べ、作って食べてみようという学習を行うことにしました。まあ、それでなくても子どもたちは（いや、子どもたちだけではなく）食べることが大好きですから……。

バインセオ？　カオラーム？

作りたい料理を探したり、作り方を調べるのに、本やインターネットを活用した子もいましたが、やはりおうちの人に聞いてくるという方法が一番役に立っていたようです。こちらとしても、それが今回の学習で一番大事なことだと考えていました。ちなみに、子どもたちが取り組んだ料理名をあげてみます。

ちらしずし、太巻き（日本）
チャーハン、お米のだんご（中国）
生春巻き、バインセオ（ベトナム）

バンチャオ、魚のおかゆ（カンボジア）
カオラーム、カオニャオ（ラオス）

子どもたちの取り組んだ料理は、必ずしも自分の母国の料理というわけではありませんでした。しかし、中心になって活躍していたのは、やはりそれぞれの国が母国の子たちでした。

調理の当日は、どの子もみんな真剣そのものでした。料理の得意な子も、そうでない子も一生懸命にがんばっていました。自分の作った料理だけでなく、友だちの作った料理もお互いに試食し合いましたが、「こんなお米の食べ方もあるのか～」とびっくりしている子がたくさんいました。校長先生に試食していただき、「これはおいしい！」と大いにほめられ、子どもたちは嬉しそうでした。

今回の学習ではあまり深められなかったのですが、食を文化としてとらえるならば、単に食べ方の違いだけでなく、どうしてそのような材料が使われるのか（例えば、東南アジアではココナッツミルクがよく使われるなど）とか、どんなときに食べられる料理なのか（例えば、ちらしずしはお祝いの時に食べるなど）とかにも目を向けると、よりよい学習が展開できるのかなと思います。

保護者の悩み

外国につながる子の保護者の方々がもつ悩みの一つは、子どもたちが日本の生活になじむにつれ、母国の文化を敬遠する傾向があることです。言葉の面での母国離れが一番の悩みなのですが、食事についても、母国の味付けを嫌い、日本の味付けを好むという話をよく聞きます。

文化の違いを学習するというのは、違いがわかるところで終わるのではなく、違いの中にある共通のもの（たとえば人間の知恵だとか幸せを願う気持ちのようなもの）を学ぶことだと思います。今回のような学習が、子どもたちにとって母国の文化のよさを見直すきっかけになってくれたらよいと願っています。

3　場面把握を大切にした授業づくり（平成一五年度・算数科）

飯村ヒサ
（少人数指導担当）

かけ算の学習活動

かけ算は、もとになる量をひとまとまりと見た時、それがいくつ分あるかによって、全体の数量を求める演算です。授業では「もとになる量×いくつ分」と式表示できることを理解させていきます。

しかし、二年生には日本語支援が必要な子が少なくありません。つまり、言葉だけでは設定場面の理解が難しく、適切な問題解決まで至らない子が出てくるだろうと予想されました。日常の具体的な事象を、これまで学習してきた足し算や引き算の数の意味とは違い、「何のいくつ分」と理解させることが難しいのです。そこで、場面把握のための教材を工夫し、問題解決の手立てとしての操作活動に重点を置き、次の留意点を設定して進めました。

○具体的な場面をおはじきなどの半具体物に置き換えて、「何のいくつ分」という言葉と結びつけながらイメージをもつ活動
○おはじきなどの並び方を見て、「何のいくつ分」と言葉で表現したり、言葉による表現をもとにおはじきなどを並べたりして、具体的な操作と言葉を結びつける活動
○式を見ておはじきなどを並べたり、おはじきなどを並べて式にしたりする活動

さらに場面設定では、子どもの生活の中で、具体的・直接的な体験があり、興味・関心の高いものを教具に選んだり、子どもたちに考えさせたりしました。

具体物・半具体物の操作を通して

学習は、二年生担任・個別支援学級担任・少人数指導担当・国際教室担当の四人で担当し、三六人を四つの少人数グループに分けて進めます。もちろん、日本人児童も外国につながる児童も一緒です。

最初の5の段では、生活科で拾ったどんぐりを使いました。一袋に5個ずつ入れ、一袋・二袋・・・と

九袋分まで実物を提示しました。一グループの人数が少ないので、全員が全体の量を見たり、触ったり、数えたりできました。

しかし、「5のかたまり」が「いくつ分」で「全部で○個」とすぐにはわかりません。そこで、まず半具体物のおはじき、（またはブロック）を一人ひとりが並べる活動から始めました。一袋では、どんぐりは5個という答は、全員わかりました。二袋だと全部で10個というのも全員が答えられました。

絵を使っての指導

ここで、「一袋にどんぐりが5個ずつ入っています。三袋あります。どんぐりは全部で何個あるでしょう。」という文章題を投げかけました。一袋、二袋のおはじきの並べ方から三袋目としておはじきを5個追加して並べた子は、正しく15個と答えられました。しかし、文章から8個や9個と答える子も出てきました。そこで、どうしてその答になったのかを説明させました。すると、お互いの説明を聞きながら、子ども同士の学び合いが始まりました。

「5個ずつ入っている袋」を強調する子。実際におはじきを並べて説明する子。「でも問題には、5と3と1の数が出ている」と主張する子。お互いに何度も繰り返し話し合っていくうちに、数字のもつ意味が違っていることに気が付いてきました。1や3は、どんぐりではなく袋のこと。その袋の中にどんぐりが5個入っていること。袋の中身はみな同じ5個であることなど。そして、実際のどんぐりを確かめ、15個という答に全員が納得しました。

どんぐりという具体物、おはじきという半具体物を前にして話し合うので、日本語支援が必要な子どもたちも学びに参加することができ、学習に必要な言葉を学んでいきます。

次も同じように「どんぐりが5個ずつ入った袋が四袋あります。どんぐりは全部で何個あるでしょう。」に取り組みました。すでに、5ずつ増えていくことを理解している子もいるので、答はすぐ出てきますが、必ずおはじきを並べてから答を言わせるようにしました。全員が20個と正しく答えられました。

この段階では話し合いはせず、一人ひとりになぜ20個になったのかを説明してもらいました。自分の言葉で説明したほうが、日本語に慣れ、算数の学習言語の使い方もわかってくると考えたからです。なかなか説明できない子には、言葉を補ってあげたり、繰り返し言い直させたりしました。また、自分なりの言葉で正しく表現できた子には、よい説明の仕方だと誉めました。また、すらすら説明できた子には、おはじきのどれが「かたまり」でどれが「いくつ分」にあたるかを質問して、言葉と操作活動が一致できているかを確かめました。少人数だからこそ、教師も一人ひとりに対応できました。

そして「5個のかたまりがいくつ分」という意味がわかり、その計算方法として「5×○」という式に表すことまでたどり着きました。どんぐりやおはじきを数えて、答を求める子もいましたが、5とびやたし算で求められることに気が付いていきました。

繰り返しによる定着

このような学習展開は、2の段・3の段・4の段とかけ算学習①（前半）には、繰り返し行いました。その都度、丁寧に場面把握をし、言葉の意味や使い方など繰り返し行うことで、「何の」「いくつ分」という意味をしっかり掴んでほしいと考えました。数が違ったり、場面や素材が変わったりするだけで、抵抗を感じたり、思わぬ反応をしたりする子もいます。大事なのは、「この子はなぜそう考えたのか」を教員が理解することです。つまずきの中には、生活経験の違いもありますが、教員の提示の仕方、発問の仕方が原因となっていることもありました。

かけ算は二年生の最重要単元ですので、少人数指導者は授業後反省会を毎回もち、子どもたちの学習状況を報告し合い、思わぬ反応の原因を探ったり、次に予想される反応に対する対策を話し合ったりして授業に臨みました。

かけ算学習への意欲

かけ算学習①の授業の取り組みでは、場面把握のために各段で操作可能な実物を準備して、念頭操作のみに終わらせなかったことが、意欲を持続させました（5の段・どんぐり、2の段・けしごむ、3の段・ゼリー、4の段・電池）。

そして、少人数グループで学習することで、一人ひとりの操作や言葉での表現を大切にし、自分で解決できる喜びを味わわせることができました。この喜びは自信につながっていきます。

子どもたちは、学習の仕方・考え方、そして表現方法が、少しずつではあるが身に付いてきたと思います。特に、言葉による理解が難しい子どもたちにとっては、有意義でした。授業後も、常にかけ算九九を唱えたり、遊びながら九九の使える場面を探したりと、興味・関心が続きました。そしてこの取り組みが、かけ算学習②への意欲へつながっていきました。

4　言葉を大切にした授業づくり（平成一六年度・国語科）

森　愛子
（三年担任）

自分の思いを言葉で表現し、相手に伝えることができる喜びを味わって欲しいと考え、私は今までさまざまな取り組みをしてきました。その中でわかったことがあります。それは、ただ物の名前を暗記したり、漢字を覚えたりしたからといって、言葉の力が付くものではなく、子どもたちが興味・関心をもち、人と主体的に関わる中で言葉を獲得していけるような言語活動を工夫することが大切であるということです。

今回、学芸大学との協働により、指導計画作成の段階から研究者に関わってもらい、子どもたちの「学びとことば」の捉えなおしや実践の理論的裏付けができたことで、言葉の力を伸ばす、より効果的な教育実践につなげることができました。これから紹介するのは、そうした実践の一部です。

朝の会の「スピーチタイム」を活用する

この活動は、情報を共有しない人に情報を伝える力を育てること、それを今まで学習した漢字とリンクさせることで、語彙を増やすことをねらっています。

具体的には、段階を踏んだ「お題」（条件）を出し、それを元に子どもたちがスピーチを考えていきます。「お題」は、具体的な体験や事物に関することからスタートして、少しずつ抽象的な事柄や目に見えない事柄を伝えるような内容にしました。三年の国語では、本校児童の日常生活ではあまり使われない熟語が多く出てくるので、スピーチタイムで、日常生活と関連づけながら意図的に使わせます。例えば「今日の朝、学校に行く時に～」というスピーチは、「今朝、登校する時に～」という言い方があることを知らせ、「今朝」や「登校」につながる内容を考えさせるという具合です。はじめは「話す」ことから始めましたが、できるようになってきたら、『書く』ことへ移行します。

指導に参加する齋藤助教授

総合的な学習に「言葉遊び」を生かす

本学級の総合的な学習のテーマは「みんなとなかよし」です。学習は、地域のお年寄りとの交流や、個別支援学級との合同発表に広がりつつあります。その中で、人と人とをつなぐための豊かな言葉を育てる活動として、「日本語で遊ぼう」を展開しています。例えば「漢字ビンゴ」「漢字足し算」「漢字なぞなぞ」などの漢字遊びや「自己紹介ゲーム」「連想ゲーム」「インタビューごっこ」「買い物ごっこ」などです。

ここで身に付けた言葉の力を、社会科の「昔遊びインタビュー」や「スーパーマーケット探検隊」につなげたり、お年寄りとの「交歓給食」で、相手が嬉しくなるような招待状を考えたりするなどの具体的な活動につなげています。目的をもった活動が、豊かな言葉の獲得につながっているのです。

国語単元「漢字で遊ぼう」の実践

漢字に対する児童の実態は概ね以下のとおりです。

① 意味のわからない漢字に対して、他の使い方や読み方などからそれを類推することが難しい。
② 熟語の場合も、二つの漢字の意味からその熟語の意味を考えることがなかなかできない。
③ 漢字に限らず、語彙に関しても同様の問題がある。
④ 経験したことや関心をもった事柄と漢字を関連づければ、定着率が上がる。

こうした実態を考慮しつつ、社会科で「町たんけん」をした際の地図に載っていた、地域のお店やお寺、病院などの施設名を読むという調査をしました。

調査①「地域の漢字の言葉を読む」
　地図に載っている地域の施設（漢字表記）の名称を読む。
調査②「地域の漢字の言葉に読みがなをふる」
　地図なしで①と同じ施設名を読めるかどうか、ふりがなをふる。

結果は、生活体験や社会科の授業を通して獲得した知識が、「施設名」などを読むことを助けていることが裏づけられました。

本単元で目指すもの

この実態調査からも、漢字と共にその言葉の意味を体験的にとらえさせることが大切であることが分かります。しかし、教育活動全体を通して、すべての言葉が身に付くまで繰り返し体験させることはできません。そこで、これまでに学習した漢字を集中して書き写したり、分類したり、つくりを考えたり、漢字の意味から熟語の意味を類推したりすることをゲームとして楽しむ活動を継続する中で、漢字力をつけていきたいと考えました。本単元では、その漢字遊びの活動を子どもたち自身の力で展開することで、より漢字習得への意識と関心を高め、漢字の学習の仕方や覚え方を身につけることを期待しています。

「漢字で遊ぼう」学習計画（七時間）

漢字遊びを決めよう（一時間）
やってみたい漢字遊びとその方法を話し合い、自分のやりたいものを決める。
〈仲間分け・漢字ビンゴ・熟語クイズ・漢字なぞなぞ・漢字足し算・漢字しりとり〉など

「漢字で遊ぼう」の準備をしよう（四時間）
グループごとにテーマに沿って調べて、漢字カードを書く。
伝え方を決め、話し方を練習する。

漢字で遊ぼう（二時間）
　漢字遊び大会をする。
相手に伝わるような話し方について考える。

「漢字で遊ぼう」は、クラスで実践した後、四年生の児童にも参加してもらい、大いに盛り上がりました。本校では、学級や学年、時には学校という枠を超えた交流を活発に行うことで、いろいろな人と関わる機会を意図的に設けています。こうした経験が、児童の言葉の獲得にとって大切な役割を果たしているのです。

5　日本の伝統を大切にした授業づくり（音楽科）

武藤美穂
（音楽専科）

音楽に国境はない？

「音楽に国境はない」とよく言いますが、本校で音楽の学習を担当していると、「そんなことはないなあ…」と思ってしまいます。母語が違えば歌の発声も違います。お母さんから聴いたわらべうたも、手遊び歌も、家庭での音楽の経験も。そんな環境を生かしたい気持ちで、今までの授業の中で保護者や日本語教室の先生からベトナムやカンボジアの遊び歌を教わったり、中国語で簡単な歌を歌ったり、本校に在籍している子どもたちの国に限らず、様々な国の民族音楽をビデオで見たりしてきました。

そんな活動の中で「じゃあ日本の伝統的な音楽ってどんなのだろう」と投げかけたとき、子どもたちはほとんど答えることができませんでした。経験がないので当然といえば当然ですが、子どもたちはテレビから聞こえてくるJ－POPには驚くほど詳しくても、日本の伝統的な音楽をほとんど知らないということです。これは本校に限らず今の子どもたちは（私も含めて大人も）ほとんど同じだと思いますが。このような実態から、外国につながる子どもたちがたくさん在籍している本校だからこそ、彼らに、そして日本人の子どもたちに、日本の伝統的なものを少しでも味わってもらいたいと考えました。

太鼓のリズムで心を一つに

取り組んだのは、伝統音楽というほど大げさなものではありません。まず「和太鼓」です。本校の子どもたちは歌うことも合奏することも大好きですが、太鼓には大喜びで取り組みました。一年間で七～八時間の時間を使い、三年生で二つのリズムが合わさる簡単なものから始めて、高学年ではたくさんのリズムが重なる複雑なものへ進みます。「ドンドコドンドコ」と教え合いながら叩いていく太鼓の活動は、どの子も同じように楽しむことができるのがいいところ。音楽が得意でも不得意でも楽しくできますし、日本語の力もあまり問題になりません。個別支援学級の子どもたちも一緒に楽しめます。来日まもなくほとんど日本語が話せない子でも、友だちに教えてもらいながらどんどん上手になっていきました。

本校では、休み時間の音楽室は、主に高学年の子どもたちがルールを守りながら自由に使えるようにしています。普段はドラムを叩いたりピアノを弾いたりする子が多いのですが、太鼓の学習をしている時期には休み時間になると「ドンドコドンドコ」和太鼓の音が聞こえてきます。全身の力で太鼓を叩く心地よさやみんなとリズムが合わさった時の喜びには、それこそなんの壁も、国境もありません。

上手に叩けるようになった太鼓は、個別支援学級の学習発表会や、校内の学習発表会、運動会などできるだけたくさんの場で発表するようにしました。

和太鼓の練習

美しい箏《こと》の音色

本校で書写の指導をしてくださっていた西山先生が、「近所に箏の指導ができる人がいるよ」と紹介していただいたのが、地域ボランティアの中條一枝先生。箏に関しては私が全く勉強不足のため、楽器の置き方から音の合わせ方まで丁寧に教えていただきました。子どもたちは箏を見るのも初めての子も多く、ましてや演奏を聴いたことはありません。中條先生の弾いてくださる箏の音色に、目を丸くして聴き入っていました。先生の指導のもと、いざ自分で演奏してみると、最初は難しそうだなと思っていた子どもたちも、きれいな音色の心地よさを感じ取ったらしく、とても満足そうに音を出していました。二時間あまりの指導で、なんとか「さくらさくら」が弾けるようになりました。

伝統を大切にする子どもに

「子どもたちに何か日本の伝統的なものを体験させたい」そんな思いで取り組んだ二つの活動ですが、子どもたちに先入観がない分、逆に新鮮に取り組めたようで、和太鼓も箏も「なんだか古いもの」ではなく、かっこいい、あるいはきれいな音の楽器と感じてくれたことがとても嬉しかったです。「伝統音楽」といっても子どもたちが叩いている和太鼓などは、本当に日本古来のものというより、かなり現代的にアレンジされたもので、正確に「伝統音楽」とは言えないかもしれません。しかしこのような活動をすることが、日本の子どもたち、外国につながる子どもたち、共に今現在暮らしている日本という国の伝統を、そしてそれぞれの国の伝統を知って大切にしたいという気持ちが生まれる、小さなきっかけになればいいなと願っています。

6　体験を大切にした授業づくり（平成一四年度・日本語）

金子正人
（国際教室担当）

ESLという言葉は聞いたことがあっても、JSLという言葉にはあまりなじみがない方が多いと思います。JSLはJapanese as a second language の略で、「第二言語としての日本語」を意味します。学校現場でJSLという言葉を使う場合、日本語を母語としない子どもたちへの日本語指導の中で使われることがほとんどです。

JSLカリキュラム

文部科学省は、平成一四年度に「学校教育におけるJSLカリキュラム小学校編」を開発し、各教育委員会に配布しました。この「JSLカリキュラム」は、初期段階の日本語学習を終えた子どもたちが、在籍学級での教科の学習に参加するために必要な日本語を習得し、合わせて教科的な学び方や、考え方を身に付けることをねらいとして開発されました。「トピック型」と「教科志向型」の二つのタイプのカリキュラムがあり、「トピック型」はトピックを設定し、トピックにそって学びますが、教科の学びを意識しない分、自由な活動が可能です。「トピック型」は「経験」「探求」「発信」の三つの局面を活動の中に織り込んで学ぶというスタイルをとっています。一方「教科志向型」はより教科の学習に近い形で、教科内容と教科で使われる言葉、そして学び方を学んでいきます。

いちょう小学校の国際教室でもこの「ＪＳＬカリキュラム」の考え方を活かしたプログラムを開発し実践しています。これから紹介する「わたしの木」のプログラムは「トピック型」事例で、三年生の通級指導で実施しました。

経験を話し合う場面

「学校の校庭にはどんな木があるか知っていますか」という教師の問いに子どもたちは元気な声で「桜」「いちょう」「みかん」「梅」などと答えてくれます。中には「ひまわり」「へちま」「あさがお」といった植物の名前を発表する子どももおり、あっという間に黒板は木の名前や花の名前でいっぱいになりました。木と花の違いについてふれた後、「自分の木を一本ずつ決めよう」と投げかけ、ゲームの説明をします。「中庭に出て、目隠しをして木にさわり、目隠しをとった後でどの木が自分の木か当てるゲームです。」教室での説明ではやり方を理解できなかった子も、外に出て実際にタオルで目隠しをして木の前に立つと張り切って木にさわり始めます。「太い」「ざらざらしてる」「曲がってる」「こぶがある」といった触感を働かせたり「においがする」などと鼻を働かせたり、中には「ゴンゴン」音がするとたたいてみる子もいます。こうして一人ずつ「自分の木」を目隠しをして確かめた後、木の前からはなれたところで目隠しをとります。そして今さわった木がどれだったか探すわけです。すぐに見つかる子もいれば、なかなかわからない子もいますが、最後には全員正解しました。

実はこの学習に参加している子どもの中に、来日して一年半の子がいました。授業をした当時すでに日本語での会話には不自由は感じていませんでしたが、このトピックで扱う「木」に関連する言葉を身に付けてはいませんでした。「木」や「葉」という言葉は知っていても「根」とか「幹」という言葉は知りませんでしたし、「ざらざらしてる」とか「こぶがある」などといった言葉も知りませんでした。そこでこの子どもに対しては、木をさわりながら「ざらざらしているね」とか「こぶっていうんだよ」と語りかけ「直接体験」を言葉の獲得に結び付けました。

探求する場面

ＪＳＬカリキュラムの特徴は、日本語の学びだけをねらいとしない点です。「わたしの木」の活動では、言葉の獲得と同時に「わたしの木について観察したり調べたりするスキル」を身に付けることをねらいとしました。そこで二時間目の授業では、「わたしの木」をじっくり観察し、絵に描いたり、幹の太さや高さを測ったりしました。また葉っぱの形や実を観察して、自分の木に対する理解を深めていくと同時に、計測や観察の方法を身に付けていきます。

探求は教室に帰ってからの「本による調べ学習」につながりました。ネットワーク広場（学習情報センター）から植物図鑑を借りてきて、「僕の木はこれだ」といって、自分の木を確かめたり、原産国を調べたりしました。「中国原産」の言葉の意味を知り、中国出身の子は大変満足した様子でした。

こうして観察したり、調べたりしたことを記録用紙にまとめ、発表の準備をします。準備ができたら発表の練習をします。次の時間の発表会は国際教室の研究授業のため、先生方が見に来てくださいます。子どもたちにとっては、緊張感のある発表の場となります。

発信する場面

経験・探求に次ぐ三つ目の局面は「発信」です。ＪＳＬカリキュラムではこの三つの局面を活動の中に盛り込むことにより、子どもたちの日本語力や学ぶ力を向上させることをねらっています。発表会の場面では、自分の木について調べたことをみんなの前で発信しました。普段ていねいな言葉遣いをする機会が少ない子どもたちでしたが、この日はフォーマルな場にふさわしい言葉遣いで発表しました。

実践から見えること

「わたしの木」の実践から次のようなことがわかりました。

○直接体験を取り入れた活動に子どもたちは非常に興味を示し、教師が選んだ木を本当に自分の木だととらえ、学習に参加した。

○実物にふれながら言葉を指導することは、紙の上で行うよりも効果が高い。

○活動には楽しく参加するものの、記録用紙に文字でまとめる段階になると抵抗感がある子もいた。書

授業レベルの日本語どう指導？

外国籍の子どもへ

国内の公立学校に在籍する外国籍の児童・生徒が増え続けている。近年は、日本で生まれ育った子どもたちも増え、日常生活レベルの日本語はこなすものの、授業の学習言語の理解が不十分な子どもも多い。だが、一見日本語ができるだけに必要な支援が受けにくいのが現状のようだ。文部科学省の協力者会議も昨年、学習言語習得を目指したJSL（Japanese as a Second Language、第二言語としての日本語）の指導マニュアルを作成。学校現場での模索が始まっている。

在籍学級と連携で

現場の試み

生卵を使った授業に、子どもたちは興味津々＝横浜市立いちょう小学校

文科省のＪＳＬカリキュラム活用　具体物使い、文脈の中で理解させる

横浜市立いちょう小学校（服部信雄校長、児童二百十三人）で一月、中国やベトナム出身の三年生八人を対象に、取り出し授業が行われた。同校で取り組んでいるＪＳＬプログラムの一環。国際教室担当の金子正人教諭が、卵を落とす実験の一部を自作ビデオで見せ、落としても割れない条件を予想させた。

授業の初めに金子教諭が生卵を見せると、子どもたちの関心は一気に授業に。「下にふわふわのものがあった」「水の入ったバケツがあった」「水に落ちたのかな、ぬれているはず」と、それぞれの考えを出したり、友達の発言に質問したりしながら、意見をまとめていった。それをプリントに書いて皆の前で発表し、この時間は終わり。「タネ明かし」や実験は次の授業まで持ち越され、子どもたちの関心もつながったようだ。

授業を見ていた服部校長は「子どもたちが、普段の授業ではなかなか見られない集中力や観察力を発揮していて、驚いた」と話す。

◇

同校周辺は、県営団地に以前、インドシナ難民の定住促進施設があったことから、外国籍の住民が多い。同校も全児童の三分の二に当たる七十六人が外国籍だ。外国につながりながら日本国籍を取得した児童も加えると半数を超える。

その多くは、日本で生まれ育った子どもたち。だが、家庭内では母語を使い、日常の日本語会話はできても、授業を正確に理解するには不十分な子もいる。

「『○と○を合わせる』などの言葉自体が入っていかなければ、計算能力以前のところでつまずいてしまう」（服部校長）。このため、授業に集中できないなどの課題を抱えがちだ。

文科省も平成十三年度から、外国人児童・生徒への教科学習に対応した日本語指導カリキュラムの開発に着手。昨年七月、「学校教育におけるＪＳＬカリキュラム」の小学校編をまとめた。

カリキュラムは、活動をベースとした「トピック型」と、各教科の学習に対応した「教科志向型」で構成。児童に身に付けさせたい力ごとに、ＡＵ（Activity Unit）と呼ばれる活動単位が多数、示されている。

いちょう小学校での冒頭の授業も、このＪＳＬカリキュラムをベースにしたもの。金子教諭は「観察して考える」「自分の考えを筋道を立てて説明する」など複数のＡＵを取り入れながら、児童の実態に合わせて授業を練った。

「～だから～になった」「どうしてかと言うと」という表現を身に付けるのも、この授業の狙いだ。

「最初は、ＪＳＬと言われてもピンと来なかった。今は言葉の学習を前面に押し出すのでなく、文脈の中で言葉を獲得する体験を重視している」と同教諭。取り出し授業の内容は在籍学級の担任にも伝え、意識的に授業してもらっている。

文科省のＪＳＬカリキュラム開発の協力者会議メンバーで、国際教室の授業を指導している齋藤ひろみ・東京学芸大学国際教育センター助教授は「言葉の力とは、単なる文法や単語の力ではない。物事の概念をつかみ、それを表現する言葉をきちんとつかむことが不可欠。その場面づくりに、ＪＳＬのカリキュラムを役立ててほしい」と話している。

ウイークエンド EYE

自治体の対応　拠点校の設置も

外国籍の子どもたちの状況は、地域によって大きく異なるため、各自治体が独自の試みを始めている。ブラジル等からの日系二世、三世を中心に大勢の外国人が製造業で働く群馬県太田市は、来年度から公立学校に外国人児童・生徒の拠点校を設置し、日本語や教科を手厚く指導する方針を決めた。外国人就労者の子どもたちが、言葉の問題によって進学の道が事実上、閉ざされている実態があるためだ。

これに伴い、外国人教師を採用、配置するため特区申請もした。だが、日本語指導のための専用カリキュラムの作成はまだ、これからだ。

神戸市教委は昨年春、市立生田中学校に初のＪＳＬ教室を設けた。中学生年齢で来日し、直接中学校に転入するケースが増えたためだ。教室は、日本語の初歩指導をする「入門期」と、日常生活では身に付きにくい学習言語を指導する「移行期」の二本立て。

三学期からは、他校からの通級も受け入れ、中国籍の生徒計十六人が参加している。

「移行期」のクラスは当初、トピック型に近い方法で取り組んでいたが、三学期以降、より教科に即した内容に変えた。高校受験を控え、授業に直接つながっている方が、生徒の関心を引き付けられるからだ。「受験までの期間が短い中学は、時間との勝負。毎日が試行錯誤です」と国際教育担当の椎木一彦教諭は言う。

文科省の調べでは、日本の公立学校に在籍する、日本語指導が必要な外国人児童・生徒の数は、平成十四年度で約一万九千人。うち一五％に当たる約三千人が、日本語指導を受けていない。

このほか、日本国籍を取得した日本語指導が必要な児童・生徒も三千六百人に上り、前年度より大幅に増加。学習言語としての日本語が不足している子どもたちは、その何倍もいるといわれている。外国人の定住化が進む中、外国人子弟への教育は、社会全体にとって重要性を増している。

個々の実態把握から

川上郁雄　早稲田大学大学院日本語教育研究科教授

外国人児童・生徒への日本語指導は、研究の面でも教育行政の面でも、まだ確立していないのが現状。まずは各人の日本語能力を測るスケールをつくり、それぞれに必要な内容を指導していくことが大切だ。

学校現場では、日常会話ができるようになると、日本語の指導が止まってしまう傾向がある。しかし、そこで日本語能力が停滞すると、抽象的思考や複雑な文章に対応できず、学習内容が高度化する小学校高学年から中学校で、周囲の子どもたちと理解度の差が開いてしまう。それを本人の能力や努力のせいにしてはいけない。ＪＳＬカリキュラムなどを利用し、具体物を示しながら、理解の足場づくりをしてあげてほしい。

外国人児童・生徒の教育は、不就学も含め、問題が多岐にわたる。このままではいずれ、社会問題として顕在化するはず。現場や自治体の努力も大切だが、国が基本的な姿勢を示すべきだろう。

日本教育新聞　2004年２月６日

くことへのハードルの高さを感じる。

こうした実践をとおして感じることは「体験」や「具体物」の大切さです。特に言葉の獲得が十分でない子どもたちにとって、目の前のものにさわったり、臭いをかいだり、たたいたりする活動は五感を刺激し、体全体を使って日本語を習得することにつながります。発達段階には十分考慮する必要がありますが、今後ともこうした「体験を大切にした」授業づくりを心がけていきたいと思います。
余談ですが、この活動を見ていた日本人の子どもたちが、「おれもやりたい」「わたしもやりたい」とうらやましがっていました。「なんで僕はふれあい教室にはいれないの」と相談に来た男の子もいました。わたしが今度担任をもったら必ずクラスの子どもたちとやってみたい活動の一つです。

第二章　学校と大学の連携

1　授業づくりにおける学校と大学の協働

齋藤　ひろみ
（東京学芸大学教員）

私たち、東京学芸大学国際教育センターの「外国人児童生徒の日本語及び教科に関する研究プロジェクト」は、平成一三年度より三ヵ年、いちょう小学校との協働研究を試みてきました。（平成一六年三月で、プロジェクトとしての活動は一旦終了しましたが、その後も活動は個人ベースで継続しています）。「日本語を母語としない児童が日本の小学校生活の中で、ことばの発達や教科学習において、どのような問題を抱えているのかを探る」という目的を設定し、「観察のみではなく、直接の学習支援をし、研究成果を学校に還元する」という研究スタンスで本プロジェクトを進めてきました。

いちょう小学校では、外国につながる子どもたちが多いという特徴を生かした授業づくりに取り組んでいます。本プロジェクトとの協働の取り組みが、そうした実践に、何かしらの役割を果せたのではないかと思います。ここでは、プロジェクトチームがどのように先生方と協働関係を築き、どのように子どもたちへの教育に関わったのか、それが両者の専門性の向上にどのような意味をもったのかについてお話します。

日々の教育実践や授業研究における協働

(1)　子どもたちへの直接の学習支援

平成一三年に協働に向けての話し合いを経て、平成一四年〜一五年の二年間、子どもたちへの学習支援に関わったプロジェクトメンバーは、入れ替わったメンバーもいますが、トータルで八人です。二年間継続したメンバー三人を中核に、週に二日（水曜日と木曜日）、交代で学習支援を行いました。学習支援は、一般クラスへの入り込みを中心に、国際教室の授業への入り込みや、新規編入の子どもたちへの放課後の学習支援という形で行いました。

中心となった一般教室への入り込み支援ですが、子どもたちの参加の様子を見て、補助が必要な子どもに寄り添って、日本語で問いかけながら、先生の指示の確認や学習内容の理解を促します。一緒に作業をするということもよくあります。子どもたちが学習参加が困難なようであれば、外国につながる子であるかどうかに関わらず、学習を補助しました。それは先生方からの要望でもありましたし、私たち自身が子どもたちの「関係性を通した学び」を分断する支援には意味がないと考えていたからです。

(2) 授業研究・プログラムづくり

国際教室ではプログラムづくりに取り組んでいます。この過程で実施した実験授業とその成果については、本書の第三部第一章に報告がありますので、ここでは、先生方と私たちがどのように関わりながらこの作業を進めているかについてご説明します。

いちょう小学校の国際教室で学ぶ子どもたちは、日本語の力で見るとかなり幅があります。来たばかりの子から、日本生まれで日常会話は日本の子と変わらない子までいます。その中でも、特に、日本生まれ、あるいは幼少期から日本で育っている子どもたちの、日本語を伸ばすことが最大の課題になっています。そのためのプログラム作成への取り組みです。平成一四年度は文部科学省の「学校におけるＪＳＬカリキュラム」の検証授業を、様々な機会を捉えて行いました。このカリキュラムは、「日常生活がほぼできるようになった子どもたちへの日本語教育」に焦点を当てたものでしたので、いちょう小学校の外国につながる子どもたちの言語発達状況に合うものでした。

平成一五年度より本格的なプログラム開発を始めました。春の段階で繰り返し話し合いをもち、ＪＳＬカリキュラムの検証授業での反省を基に方針を決めました。そして、夏休みから三学期にかけて、五回の実験授業を行いました。担当する金子先生と私たちとで、トピックの選定、指導計画の検討、教材の検討、準備、授業の実施、授業の記録、授業の評価という授業研究の一連のプロセスを繰り返しました。こうして、日本生まれ、あるいは幼少期から日本で育っている子どもたちの「思考する力」を高めるための日本語指導の課題が明確になりました。現在は、この課題を克服するための方法を考えながら、プログラムづくりを継続しています。

次に、校内研究（重点研究と呼んでいる）の一環として行われている研究授業での協働についてお話しします。平成一五年一一月に、一年生のクラスで国語科「おみせやさんごっこをしよう」（光村図書）の研究授業を行いました。研究授業の事前・事後の各段階で、話し合いや実施時のアシスタントという形で、私たちプロジェクトチームは関わらせていただきました。簡単にどのような関わり方をしたのかを表にしました。

一般教室の授業づくりで、「授業を組み立て、実施し、評価する」という全工程にプロジェクトチームが関わりをもたせていただいたこと、より積極的な言い方をすれば教育実践を「協働」したことによって、先生方と私たちとの関係は、信頼に基づく、柔軟でより強い関係へ深まったように思いました。また、この取り

1年国語科授業研究（平成15年11月）「おみせやさんごっこをしよう」における協働

	協働による活動
計　　画	言語能力の実態調査の方法についての話し合い、調査の実施、結果の記録
授業実施	森先生：通常通り授業の運営 プロジェクトメンバー：子どもたちへの学習支援、授業中の子どもたちの学習状況の記録と報告
評　　価	授業後の協議会で意見交換と２学期末の情報交換会で再度意見交換

組みを通して、「言語把握の仕方」「生活実態とことばの発達の関係」「体験的活動による言語学習の有効性」等を共有できました。

(3) 情報交換

いちょう小学校で私たちプロジェクトが関わった授業やその他の教育活動に関しては、その度に記録をし、先生方と共有しています。それが、「支援記録」です。記録する内容は、授業の概要、子どもたちの学習参加の様子、そして、それに関する記録者の所感や見解です。例えば、次のような記録が残されています。

上位概念（例えば動物）と下位概念（例えばコアラ）が、クイズを通して培われている。○○先生が子どもたちに答をイメージできるようにして与える「動物の中でもどんな動物だろう?」「昆虫でもいろんな昆虫がいるよね」というようなヒントと、それへ反応したり、他の子の発言を聞いたりしながら、子どもたちはもっている知識を体系化して、上位下位概念を形成しているのだろうと思う。

（平成一五年一〇月　一年生の朝の会の「クイズコーナー」について）

子どもたちの学習支援を行いながら、そこで見えたこと、聞こえてきたことを、授業後にメモしたものです。授業の中で子どもたちと関わりながらだからこそ、見えてくることが多いと感じています。

この支援記録ですが、現在、先生方は「授業中に目が届かなかったところが、支援記録でわかる」「子どもたちの学習に関するコメントが参考になる」と、子どもたちの理解や授業の振り返りの材料として捉えてくださっています。研究的視点と実践を結ぶための、また、それを学校現場と共有するための重要な媒体になっています。

もう一つの大きな情報交換活動が、毎学期末に行っている「情報交換会」です。私たちプロジェクト側からは、支援活動を通して気づいた子どもたちのことばの発達の問題について伝えています。この報告を巡って話し合いをしていますが、私たちにとってはもちろん、先生方にとっても、この会は、子ども一人ひとりの課題やそれへの対応の方法、考え方を、交換するよい機会となっているようです。

平成一五年の一学期の情報交換会では、私たちプロジェクトが行った外国につながる子の保護者の方へのインタビュー結果を報告しました。先生方からは、それまで、言葉の壁があってはっきりと掴めなかった保護者の考えや思いがわかったという感想をいただきました。また、そうした家庭の言語環境を考慮した時、学校では何ができるのかという点で、かなり踏み込んだ話し合いができました。

定例化した情報交換の場の他に、昼休みの時間や放課後に、子どもたち一人ひとりについて、その日の様子を話しています。私たちも、支援を重ねて子どたちの名前を覚え、その子たちの成長を感じながらその日の子どもたちの様子がもつ意味を解釈できるようになりました。それが、先生方と、個々の子どもの問題や対応の仕方について語り合うことを可能にしたのだろうと思います。

連携から協働へ――「ことばの力を育む授業づくり」を支える協働

先生方と「子どもたちの学びの場」を共有し、対話を重ねたことが、三年間の協働の取り組みを実り多きものにしたのだろうと思います。

当初の私たちの「教育実践へ研究成果の還元」という意識は、「協働」を標榜しつつも従来の「実践は理論の応用」という考え方で「実践」と「研究」を区分して捉えていたといえます。この発想では、「協働」ではなく、固定的役割分担によってつながる「連携」となっていたでしょう。しかし、いちょう小学校と私たちプロジェクトチームの取り組みは、実践的課題の解決という道筋の各段階で、「経験知」と「理論」が、「ここ」の「この子どもたち」の問題を巡って絡み合いながら実践を生み出していくという様相で進んできました。先生方は先生方の専門性を、私たちプロジェクトチームは私たちの専門性を、目の前の子どもたちへの授業づくりとその支援という実践の中で、交差させることができました。それによって得た新たな視点や考え方を授業づくりや支援の中で具現化してきました。こうして進められた協働の授業づくりや支援活動を通して、先生方も、私たちも、その専門性を高めたといえると思います。こうした成果は、決して「研究成果の還元」によるものではありません。「実践」、その「実践から立ち上がる原理」、それに基づく「次の実践」の連鎖によってもたらされた成果です。そこに、現場の実践的課題を解決する異領域専門家の共同体、つまりコミュニティが形成されたのではないかと思います。

では、いちょう小学校が私たちプロジェクトチームとの協働がなければ、よい実践ができていなかったかというと、そうではないでしょう。私たちプロジェクトが関わらせていただいたのは、いちょう小学校の教育実践のほんの一部でしかありません。実践主体はやはり先生方です。先生方は、どのような状況になろうとも、子どもたちの学びを生み出す精一杯の努力をしていますし、そのことに自負心をもって日々の教育活動を進めています。プロジェクトチームとの協働があろうとなかろうと、その姿勢にブレはありません。そうした、自律した教育者としての姿勢があったからこそ、今回の協働の取り組みは実のあるものになったのだと思います。一方が一方にもたれては、結局「理論の実践への応用」の構造から脱却できず、実践者と研究者の「協働」には成り得ません。異なる領域の専門家として互いがもたらす資源を共有し、その資源を元に今を捉え直すことによって、よりよい明日の実践や研究が生まれるのだと思いました。

多文化共生教育フォーラムでのある先生のことば「最終的には子どもたちのために、ことばを育む授業づくりにプラスになったということが重要」が、心に残ります。実践的課題探求という協働のねらいが達成されたと感じます。

プロジェクトメンバーの研究者としての成長

異領域専門家による協働の取り組みでしたので、その過程で先生方も私たちプロジェクトメンバー側も大きな葛藤を経験しました。その葛藤の質は、一人ひとり異なるものでしょう。この葛藤をきっかけに、それぞれが教育者や研究者としての役割を再設定しながら、協働のあり方を模索してきました。その過程は、プロジェクトメンバーにとっては、研究者としてのあり方を問われることでもありました。プロジェクトメンバーの一人である原みずほさんが、その経験を語っています（コラム参照）。

原さんの語りにもありましたが、プロジェクトメンバーは、支援活動を通して、生身の子どもたちと先生方とのふれ合いから、本からは得られない多くの経験と視点を得ました。子どもたちが学校で学ぶ実際の姿から、ことばの学習を、子どもたちの生活空間全体という横軸と、成長と発達という縦軸の中に位置づけることができ、学校における外国人児童生徒教育について己の枠組みを再編することとなりました。ここで得たものは、今後の私たちの研究・実践活動の基盤になるでしょう。こうした場を提供いただいたことに、心より感謝しております。ありがとうございました。

《コラム》

研究者としてのアイデンティティ・クライシスを乗り越えて

原　みずほ
（お茶の水女子大学大学院生）

研究者と教育実践者は水と油？

「研究者と実践者はわかり合えない」という意見を双方からきくことがあります。私自身もその難しさから「私＝研究する人」と「研究をしない人」の間に境界線を引き、お互いに違う分野なのだから惑わされないほうがよいと納得しようとしていました。しかし、いちょう小学校での協働研究に携わり、「現場につながった研究」について考えることは避けられない課題となっていきました。そこでは自分の研究関心を現場でどう位置づけるかという、研究者としてのアイデンティティを揺さぶる葛藤が待っていたからです。

私の研究は教育現場では役立たず？

私の研究関心は、子どもの母語と日本語の両言語を育てることです。母語の育成が子どもたちにどのようなメリットがあるのか、どのように環境をつくっていくのかという点から研究を進めています。

協働研究に携わることになり、子どもたちが日本語を使ってどのように学んでいるのか、彼らにとって母語がどのような意味をもつのか、学校で母語がどのように位置づけられているのかを知るために絶好の機会だと思いました。しかし、実際に学校に身を置いてみると、日本語一色で生きた母語が見えてきません。校内には母語の貼り紙などもありましたが、どれも静的な印象を受けました。

先生方の見解も「母語は大事だが、現行の制度では学校で取り組むことは難しい」というものでした。一方で大学に戻れば両言語育成の実践と研究が盛んに行われています。このギャップに戸惑い、教育現場との協働研究で自分の研究関心をどう深めていくのかわからなくなっていきました。

研究と教育現場がつながってきたかな？

このような葛藤が生じてからは、自分の研究関心と現場との関わりには少し距離をおき、冷却期間を設けることにしました。現場には他にも研究に携わる者として学ぶことがたくさんあります。特に子どもたちの日々の学びや成長に直に寄り添うことができることは、現場に身を置くことの醍醐味です。

それから、研究には先人の文献の解釈が欠かせません。文献から多くを学びますが、書かれていることはたくさんの具体的な事実を集約したものです。子どもたちや先生方との対話はこれらを解釈していくために豊かな視点を与えてくれます。また、研究では理論構築のみではなく、教育現場ではどのように活きるのかにも関心が向きます。様々な側面で研究と実践を結び付けて考えるようになってきました。

私の研究関心はどこへいく？

先生方や研究メンバーとは学校での出来事や研究など様々について意見を交わしてきました。その過程で互いの意見を受け入れることは重要であっても、同化する必要はなく、異なっていてもいいと思うようになりました。異なる視点や意見をもつ者が対話を進めていくと、段々と互いの異質性が際立ってきます。そうして互いに視点が揺さぶられることが、本質の問い直しや編み直しへと発展していきます。対話と異質性は、互いの視点を受け入れる上でも、再編成する上でも重要だと思うようになりました。

私の研究が教育現場では異質であっても、継続すること、そして周囲と対話をすることに意味があるのかもしれません。それも研究者としての役割なのかもしれないと今は考えています。

第四部　学校・家庭・地域の連携

どうぶつおやこクイズ　2月

第一章　多文化ＰＴＡの誕生

１　初めての外国出身ＰＴＡ会長を務めて

木村英子
（元ＰＴＡ会長）

ＰＴＡ会長になるまで

私は台湾から日本に二〇年ほど前にやってきました。日本と台湾のダブルの一人娘は、一九九六年四月にいちょう小学校に入学しました。日本の小学校について、六年で卒業すること以外、なに一つ知りませんでした。ただ、私にはもちろん不安な気持ちがありましたが、それより日本の学校に対する興味のほうが大きかったです。

学校のことを知りたい一心で、学校へ行く機会を増やすために、娘が入学すると同時にＰＴＡの保健委員になりました。ＰＴＡの意味がまったくわからなかったので、あっという間に一年間が終わりました。最後までＰＴＡの意味がわからないままでした。私はいつも娘と一緒に小学校で勉強したいなあと思っていました。ですから、授業参観が大好きで、六年間すべての授業参観に参加しました。学校から見ればとても熱心な親だったかもしれません。

一九九九年九月二一日に台湾大地震がありました。震源地は私の故郷でした。いてもたってもいられない心境で、娘と二人で募金活動を始めました。いちょう小学校の瀬野尾校長先生と担任の先生が献金してくれました。今でもその「雪中送炭」（困った時に助けることこそ真の友情という中国の成語）に対してとても有り難く思っています。私はその恩を心の中にしまいました。

二〇〇〇年二月、校長先生から突然、〇分後に私の家を訪ねたいと電話がありました。娘が学校で何か大変なことを起こして、学校では話せないことがあったのだろうかと、不安な気持ちのまま校長先生を迎えました。しかし、私の心配していたことではなく、先生は私に「いちょう小のPTA会長がまだ決まらず、このままだとPTAを存続することができません。木村さん、助けてください！　PTA会長になってください」と言いました。私は娘のことを全部忘れ、恩人の前で呆然としていました。台湾人は恩を忘れることができないのです。しかし私には先生を助ける能力がありません。PTAのことをまだわからないまま、「会長の仕事の内容って何？　大勢の人の前で話したこともないのに、会長？」自分の耳を疑いました。しかし、先生は一生懸命に私がPTA会長になることを承諾するまで説得しました。

PTA会長一年目

PTA会長を引き受けた日から、私の生活は一八〇度、変わりました。日本のPTAの仕組み、目的、役割などを理解するために勉強し始め、初仕事である四月の入学式の挨拶に向かって原稿を書き、暗記しました。「書く」「暗記する」とは簡単に聞こえますが、日本語が不自由な私にとって、とても大変なことでした。書いた原稿をまず当時五年生の娘に少しでも日本語らしい文に直してもらい、清書してから副校長先生に直して頂き、最後に校長先生にチェックしていただいて完成、それから暗記の段階に入りました。私の変な発音を娘に一つずつ直してもらいましたが、子どもは融通がきかないので、大変でした。毎晩お風呂に入りながら、大きな声で原稿を朗読。壇上で頭が真っ白になったらどうしようと不安で、眠れない日が続く毎日でした。式典では原稿を見ながら話してもよいことをまったく知りませんでした。とうとう、初仕事の前に髪が抜け始めました。会長病でした。

入学式は無事に終わりました。その後、校長先生と副校長先生がいつも手取り足取りで私を指導してくれました。先生についていけば、なんとかやっていけそうだと少し安心しました。私は校長先生と副校長先生に恵まれただけではなく、PTAの副会長にも恵まれました。同じく外国出身の福山さんでした。彼女は私の後任の会長（代表）になりました。

私は会長になって、初めてその年にいちょう小学校で二つ大きな仕事があることを知りました。一つは、その年はいちょう小学校が泉区PTA連合の会長校で、私は自動的に幹事になってしまいました。またその年は全国PTA関東ブロック大会を横浜で開催し、第六分科会担当は泉区だったのです。信じられない大きな仕事でした。なにもわからない私は無我夢中でみんなについていくだけで精一杯でした。区の会長さんたちが、新人しかも外国出身の私を温かく迎えてくれて、みんなの輪に入れてもらえ、たくさんの人と知り合えて、一緒に仕事をすることができて、とても嬉しかったです。

もう一つは、その年の九月にいちょう小学校は全国公開授業を行うということでした。文部省の方や全国のお客さんが来るのです。PTAが準備から当日まで、いろいろとお手伝いをしました。先生方の必死に頑張っている姿を見ると、その熱意がこちらまで伝わってきました。私たちPTAも絶対成功するように気持ちを引き締め、頑張りました。公開授業が無事に終了し、大成功で感無量でした。今でも、印象に残っていることは、私が三日かけて作った一二〇個の台湾の「茶葉蛋」（お茶っ葉でゆでた卵）を美味しいと皆さんが喜んでくれたことと、公開授業の成功のために先生方が考えた綿密な計画と準備のおかげで、当日のプログラムをスムーズに終了することができたことです。本当に素晴らしかったです。

PTA会長二年目

やることと勉強することが余りにも多すぎて、無我夢中で一年間があっという間に終わりました。苦労して、せっかく得た経験を生かさないともったいないと思い、次の年も会長を続けました。二年目になると仕事内容は少し把握することができて、幹事校も終わり、大きな行事もなかったので、楽な一年間でした。この年の思い出は四つあります。

一つめは、ユネスコのプログラムで東南アジア一七ヵ国の教育担当者が、いちょう小学校の授業参観にやってきました。前年の全国公開授業の経験を生かして、無事に終了しました。私たちPTAは来賓のお茶接待を担当しました。私は美味しい台湾のお茶を紹介し、来賓の方たちに楽しんでいただくことができました。私が児童の親だと知ってから、来賓の方々が気軽に学校のことや子どものことをいろいろ質問してくれました。彼らは外国人の親の思いを知りたいのだと私は感じました。

二つめは、夜の保護者懇談会です。今まで毎回、懇談会に出席する親が少なかったと校長先生は私に話しました。「会社を休むと皆勤手当が貰えないから」と仕事をもっている外国人のお母さんから聞いたことがあると私は校長先生に伝えました。先生はすぐに夜の懇談会を計画し、実行しました。それは大当たりでした。子どもたちは親と一緒に学校にきて、「はまっこ」で遊びました。子どもたちは夜の学校での遊びが新鮮で、大はしゃぎでした。未就学のこどもの保育もしましたので、親たちは安心して懇談会に参加することができました。

三つめは、四月に副校長先生、一二月に校長先生の人事異動があったことでした。最初は不安な気持ちで一杯でしたが、結局は、また素晴らしい先生にめぐりあうことができました。新しく来た服部校長先生はすぐに学校と地域に溶け込みました。いちょう小学校の共生教育をさらに進めるように尽力され、いちょう小学校は本当に幸せな学校だと思いました。

最後の一つは、卒業式でした。二年間の会長のスピーチの総仕上げでした。最初と比べて天と地の違いを感じました。余裕をもって話せるようになりました。後日、先生方や子どもたちから、私のスピーチ内容をよく覚えていると聞いて、とても嬉しかったです。

日本語を自由自在に使えない外国出身の私に、なぜＰＴＡ会長を務めることができたかというと、校長先生と副校長先生が一〇〇パーセントサポートしてくれたからです。先生方は行事のとき、いつも先頭に立って走り回り、普段でも「披星載月」（朝早くから夜遅くまで一生懸命働くという意味の中国の成語）な仕事振りでした。いちょう小学校が多文化共生教育に挑戦すること、そして外国出身者がＰＴＡ会長を務めることがなぜできるかというと、先生たちの頑張りのおかげだと思います。いちょう小学校が開校してから、外国出身者のＰＴＡ役員は私と副会長の福山さんが初めてでした。その後、ＰＴＡの委員や役員の選出を日本人に限ることもないようになりました。外国につながる児童が多いいちょう小学校にはとてもよいことだと思います。私はＰＴＡ会長という貴重な体験とたくさんの勉強をさせていただき、日本に来て最も充実した二年間でした。私は本当に幸運でした。

学校から地域へ——中国獅子舞泉の会

私は現在、ＰＴＡと関わっていませんが、いちょう小の児童や上飯田中学校の生徒を中心とする「中国獅子舞泉の会」の会長を務めています。獅子舞の会を作った動機は、私がＰＴＡ会長をしていた時、娘のクラスの中国の児童は自分が中国人であることに劣等感をもち、中国語を話さない、聞いてもわからない振りをしていたことでした。もし自分の子どももそのようになったら、困ると思いました。自分の国の文化を知り、誇りをもって生きるのは、いちょう小学校の外国につながる子どもたちにとって、とても大事なことだと思いました。その時、思いついたことは獅子舞でした。私が住んでいる団地は外国人がとても多いので、うまく共生するには、やはり相手の文化を知る、親しむことだと思いました。獅子舞は皆さんに楽しんでいただければ、親睦の土台作りにもなるのではないかと思いました。獅子舞のメンバーは子ども中心なので、青少年の育成にも役立つと思いました。

このように自分の想いが積もりに積もって、誰とも相談せずに、台湾に帰った時に獅子舞の道具を一式買いそろえ、日本に持ってきました。それから獅子舞をしたいと校長先生に相談すると、先生はすぐ取り組むようにしてくださいました。音楽の先生が音楽を作り、児童たちが踊りを考える、ユニークなオリジナル獅子舞ができました。

団地祭りで踊る獅子舞

一回目の披露は、前述の全国公開授業の時でした。地域の保育園にも出演しました。子どもたちは楽しそうでしたが、私は中華街みたいな本格的な獅子舞を地域に広げたいと思いました。しかし教えてくれる先生がいない。練習する場所も決まらない。これからどうしようと悩みました。そして、区役所にお願いして、横浜中華街龍獅団の団長唐朱維さんを指導者として紹介していただきました。校長先生のアドバイスで子どもを募集しました。しかし学校の活動になってないと子どもはなかなか集まってくれませんでした。最後は娘に頼み、クラスの友だちを誘ってもらい、ぎりぎりの人数で始めました。

次に悩んだことは運営資金でした。それまで私一人でやってきたのですが、運営資金の協力者がいないと続かない、発展できないので、一生懸命地域の有力者に協力をお願いしました。しかし、なかなか理解を得ることができず、唐先生が私の苦境を知って、全面的にボランティアで指導をしてくれました。獅子舞を黙々と練習して、一年目に地域の行事に四回ぐらい参加しました。私たちの活動を理解してくれる方

芸に汗流し異文化体感

小中学生が中国獅子舞

泉区・県営いちょう団地

異文化理解の輪を広げようと、泉区上飯田町の県営いちょう団地で小中学生による「中国獅子舞泉の会」（木村英子代表）が元気に"舞い"始めている。発足から一年半。コツコツと練習を重ね、昨年末には念願の自前の獅子を手に入れた。三月の「泉区国際交流まつり」への出演も決まり、子供たちは「これからが本番。もっと頑張らなくちゃ」と自信と責任感をのぞかせている。

（平川　明美）

「親ぼくを」と会が発足１年半

子供たちは真新しい自前の衣装と獅子を身に付け、獅子に魂を入れる儀式に臨んだ
＝いちょうコミュニティハウスの図書室

台湾出身の木村さんは、十五年前に結婚を機に来日した。住民の約一割を外国籍区民が占める同団地での生活で、日本の社会に溶け込むことがいかに難しく、多くの人がなじめずにいることに気が付いた。「心の親ぼくを図るためには、まず自国の文化を相手に理解してもらうことが必要。日本人が異国の文化に興味を持ち、互いに近づいていけるようになれたら」。そう考え、中国獅子舞の会を設立した。

メンバーは小学四年生から中学一年生までの女の子八人。木村さんの娘もメンバーの一人だ。指導は中区の横浜中華街で中国獅子舞を継承している「醒獅團」団長の唐朱華さんが引き受け、獅子も唐さんが毎回持参してくれることになった。市立いちょう小学校のコミュニティハウスにある図書室を借りて月一、二回のペースで少しずつ練習を重ね、地域の祭りや同小の創立三十周年記念式典で披露するチャンスも得た。

区のイベント3月に参加へ

さらに昨年、区民活動を資金面から応援する「いきいき区民支援事業」の交付団体にも選ばれ、助成金で念願の獅子を購入。先月、唐さんの師匠がいるマレーシアから新品の獅子と衣装、太鼓やドラなどの楽器が届いた。子供たちは真っ赤な衣装に着替えながら、「ここまで成長し認められるようになったんだという自覚が出てきた。これからもっと頑張ろうって思う」と声を弾ませていた。

「今後は本物の獅子が舞い降りてきたかのような豊かな表現力をつけていきたい」と唐さん。「獅子舞は華僑の間でしか行われないのがほとんど。これを機に、日本の人たちにもっと広まってほしいし、この世代で終わることなく地域に受け継がれていってほしい」と話していた。

子供たちの練習の成果は、三月二日に同区の区民ホールで開かれる国際交流まつりで披露される。

神奈川新聞　2003年１月11日

が増えました。

二〇〇二年四月に初めて連合自治会から三万円の助成金が下りました。その時私は、地域が認めてくれたことが何よりも嬉しかったです。同じ年に泉区に「いきいき区民支援事業」制度ができて、支援を受けることができました。実は私が台湾から買ってきた獅子と道具は、唐先生が使っているものと違うものでしたので使えませんでした。毎回先生の獅子と楽器を借りて使ってきましたが、支援を受けて自分たちの獅子と衣装、楽器を買うことができました。

出演機会が増え、活動範囲も広がりましたが、次に出た悩みが練習場所でした。今までは、学校からコミュニティハウスの中の図書室を借りて練習していましたが、練習の時、太鼓とシンバルの音が大き過ぎて、館内の利用者に多大な迷惑をかけ続けました。この問題を解決するために服部校長先生に相談したところ、学校の教室を借りることができました。やっと、安心して練習する場所と道具の保管場所ができました。いちょう小の練習場所の提供によって、獅子舞は初めて地域に根付く場所ができました。

二〇〇三年度に一二回の出演があって、再度泉区からの支援を受け、二頭目の獅子を買いました。会員も増えました。会の組織整備が進み、二〇〇四年三月に一回目の総会ができました。八ページも続く総会資料を見て目が熱くなり、感無量でした。今、会長の私以外に副会長、会計、顧問（明治大学の山脇先生）がいます。活動範囲は地域から泉区に、そして横浜市へと広がりました。

獅子舞の会の経験を通して感じたことは、外国出身者にとって異国で自分の思いをなすことは簡単ではないということでした。一人では何もできない。地域や行政の助け、応援が絶対に必要なのです。私は幸運でした。これからも獅子舞の会の発展のため、皆さんの支援をいただきながら、一歩一歩前進していこうと思います。

2　世界に知ってほしいいちょう小学校

福山満子
（PTA代表）

私の父は中国人で、母は日本人です。私は一九七八年に母親と一緒に、中国から日本に来ました。日本に来た時は中学生でした。来日当初、日本語がまったくわかりませんでした。アイウエオさえ言えませんでした。数学以外の全部の教科が苦手でした。とくに国語と英語は、授業中先生が何を言っているのかわかりませんでした。休み時間になって、みんなが輪になって、わいわい笑いながら話して、私を見て笑いながら何かを言っています。もしかして、私の悪口？　私、何かおかしい行動をしていたのかな。男子が私を見て「中国人」ってからかってきました。「中国人じゃいけないの、中国人って何が悪いの」と言いたくても言えません。悔しくて、悔しくて、どんどん悪いほうへ、悪いほうへと考えてしまいました。私は好きで日本に来たわけじゃない。日本が母を捨てたんじゃないの！　私は我慢できなくなると、トイレに行って泣きました。なぜ私がこんな目にあわなければならないの？　誰に言えば私の気持ちをわかってくれるの？　泣いて泣いて、私は、とにかく、皆と同じ「ただの普通の人になりたい」と思いました。普通の中国人でも、普通の日本人でも、どっちでもよいから、ただ普通の人になりたい。そして、私は自分に言い聞かせました。普通の日本人になるには、友だちをつくるしかない。友たちが欲しい。それには、まず日本語を勉強する、日本語をしゃべる。無我夢中で必死に日本語を勉強しました。

ですから、自分の子どもがいちょう小学校に入学しても、授業参観、懇談会にはほとんど参加しませんでした。娘は日本で生まれ、日本語は全然変なアクセントもない。名前も日本の名字です。クラスの友だちは娘のことを日本人だと思っているし、私が学校へ行って、子どもたちに娘が外国人の子どもと知られたら、娘が私と同じいじめにあうかもしれない。私が学校へ行かなければ、娘は普通の日本人になれる。だったら私は学校へは行かない。そんな勝手な思いをもっていました。

でも娘は私に学校へ来てほしい、発表があるから見に来てほしいと願いました。それから私は少しずつ学校へ行くようになりました。行く度にいちょう小学校って本当に差別がないとつくづく思いました。私も娘の同級生のお母さんと友だちになり、たくさんの友だちができました。

私は今、いちょう小学校のＰＴＡ活動で、夏休みパトロールをしたり、運動会の手伝いをしたりしています。いちょう団地祭りではＰＴＡ主催で模擬店も出店しています。去年は六〇キロのもち米をつきました。地域の方、中学生、中学校の先生、いちょう小の子どもたちが約一〇〇人もお手伝いにきてくれました。今年度もＰＴＡ役員は五人で日本人三人、中国人一人、ベトナム人一人です。会長職はなく、日本人、中国人、ベトナム人の三人が一緒に代表を務めています。実行委員は一八人です、日本人八人、中国人四人、ベトナム人四人、ラオス人一人、カンボジア人一人のメンバーです。ですから、日本語は半分の人にしか通じません。会議の時、私は中国出身の委員長と報告書を一緒に読んだり、通訳をしたりしています。

ＰＴＡに初めて参加

私はＰＴＡ役員になる前は、決して自分から進んでＰＴＡ役員になろうとしませんでした。平成一一年、長女が三年生で、次女が一年生のとき、私は常任委員になるつもりで、会議に出席しました。そこで役員や先生から実行委員長をやるように言われ、自信がないまま、保健委員長をやることになりました。実行委員会は全部で七人でした。でも委員会が行われるたびに、出席するのは私と副委員長二人でした。これではだめだと思いました。どうしたらみんなが委員会に出席してくれるのか、二人で考えました。とりあえず全員に電話して、委員会に出席するように誘いました。電話する時は皆、「はい行きます」という返事が返ってきますが、いざ会議の日になると、また私と副委員長二人だけです。でもここであきらめたら私たちの負け、電話でだめならと、皆の家に行って頼むことにしました。ある人は感心してくれて「必ず行きます」と言ってくれました。でも「私は仕事が忙しいの」と怒る人もいました。いろいろなことがありました。

やっと長い一年が終わったと思っていたら、当時の瀬野尾校長先生からいきなり、ＰＴＡの役員をやってほしいと頼まれました。私のような者にＰＴＡ役員？　ＰＴＡ役員は私にとって雲の上の人でしたので、私にできるわけがない、でも校長先生に断る勇気もない。それで校長先生に「一年間だけやってみます」と返事しました。そして平成一二年度の副会長になりました。会議の時、いざ司会をしてみると、日本語がめちゃくちゃで、自分もおかしいと思っているのに、先生たちも保護者たちも、誰も私のことを笑わないで、皆真剣に聞いてくれました。そして先生たちが私のフォローをたくさんしてくれました。実は、平成一二年度のPTA役員は、会長の木村さん以下、全役員が初めての経験でした。五人で力を合わせて、一生懸命かんばりました。

創立三〇周年祝賀会

平成一四年度、いちょう小学校は創立三〇周年を迎えることになっていました。「PTA役員の忙しさは、半端ではないよ」といううわさが私の耳に流れてきました。私はとてもできないから、やるつもりはまったくありませんでした。ところが推薦委員が私の家に来ました。そのたびに、仕事があるからと強く断りました。もう大丈夫と思ったら、ある日突然、服部校長先生と尾崎副校長先生が私の家まで来て、「PTA役員をやってください」と言われました。校長先生、副校長先生が二人でわざわざ家まで来てくださって、また断ることができなくなりました。私は、引き受けたものの、先生たちに迷惑をかける、ほかのPTA役員の足を引っ張るのではと不安に思っていました。平成一四年度のPTA役員メンバーはPTA代表三人（日本人二人と中国出身の私が一人）、書記日本人一人、会計中国人一人の五人です。平成一四年度のPTA役員メンバーは、私にとって最高のチームで、最高の仲間であり、最高の親友です。三〇周年行事への準備は想像以上の忙しさでした。私たち五人は協力し合い、これは誰の仕事とかお互いに押し付けることは決してなく、できる人がやる、お互いに助け合うようにして、みんなで力を合わせました。

いちょう小学校創立三〇周年の祝賀会の料理は全部手作りです。日本、中国、ベトナム、カンボジアの四ヵ国の料理を作りました。二〇〇人分を全部、私たち保護者、地域の方、先生たちと皆で作りました。朝七時に学校に集まり、中華饅頭グループ、タピオカフルーツグループ、餃子グループ、赤飯グループ、おでんグループに分かれました。皆で心を一つにして一生懸命作りました。先生が私たちに「今から一年生から六年生の発表をするので、体育館に来てください」と呼びに来ていたのですが、ほとんどのお母さんは見に行きませんでした。おいしい料理を作りたい、皆そう思ったからです。

来賓の方たちがお帰りになった時、私たちに「おいしかったよ」って言ってくれました、その言葉を聞くだけで緊張と疲れが全部とれました。PTA役員だけではなく、保護者たち全員がこれだけ誠心誠意、心をこめて手伝いができたのは、校長先生はじめ先生たちが、一生懸命私たちを引っ張ってくれて、その気持ちが自然に私たち保護者に伝わったからだと思います。学校の先生と保護者が手と手をつなぎ、心を一つにして力を精一杯出し、最高の三〇周年行事を作り上げたことを、最高にうれしく誇りに思います。

実は、平成一四年度PTA役員にはもう一つ名前があります。それは「ゴレンジャー」です。なぜなら、いちょう小学校創立三〇周年祝賀会には、私たち五人で五色のチャイナドレスを着て出席したからです。

親子の中国語教室

中国語教室を始める

いちょう小学校ではほかの小学校と違って、国際懇談会がありました。平成一五年七月の夜の保護者懇談会では、国別グループに分かれて懇談しました。中国の保護者の悩みは、子どもたちが日本で生まれ、小さい時は親と中国語で会話をしていたのですが、大きくなるにつれ、日本語しか話さない、そして親が中国語を話すと嫌がることです（実は私の二人娘もそうです）。そして母国語を忘れるのがとっても残念でなりません。日本で中国語を勉強できるといいねと、懇談会の席で保護者たちと話をしました。次の日、私は校長先生のところに行って相談しました。「いちょう小学校で中国語教室ができますか」と尋ねました。校長先生は、「できる、ぜひやりましょう」と答えました。教える人は私たち中国出身の保護者です。

問題は教材です。ある人は中国大使館に聞いたほうがいいと言ってくれましたので、私は中国大使館に問い合わせました。大使館の返事は、「教育に関することなら、日本にある中国教育処に電話してみてください」でした。教育処に電話しても教材はないとのことでした。「教材に関することなら、日本の文部科学省に問い合わせてみてはどうでしょうか？」と言われました。私は今度は、文科省に電話しました。

文科省の方は「とっても素晴らしいですね。でもここにはないですよ。教科書課に聞いてみてください。」と電話番号を教えてもらい、今度は教科書課に電話をして、そこの人に「英語の教材はあるが、中国語の

外国籍児童　家庭内で「言葉の壁」

お父さんお母さんと話したい

広がる母語教室

横浜　学校、PTA立ち上がる

神奈川新聞　2003年7月8日

教材はない」と言われました。

そういうことで、今は自分の家にある子ども向けの中国語の本と本屋さんで買ってきた中国語会話の本を教材として使っています。平成一五年一一月、ついに親子の中国語教室を始めることになりました。習いに来た人は、小学生一年から六年まで、中国、日本、ベトナム、カンボジア、ラオス、ブラジルの子どもたちです。保護者は日本人とラオス人、そして学校の先生も参加しました。一二月には中国のお菓子、麻花《マーファー》を作って、お楽しみ会をしました。平成一六年二月の旧正月には、中国語教室の全員と多文化

まちづくり工房の方たちと一緒に餃子づくりの会をしました。三月三日には、ごま団子と麻花を作ってひな祭りお楽しみの会をしました、五月には中国式お茶会を開いて、七月にはお楽しみ会でタピオカフルーツを全員でつくりました。

いちょう小を全世界に知ってほしい

いちょう小学校も六、七年前は今のような雰囲気はありませんでした。学校では日本のお母さんは私たち外国人に対しては遠慮がちで、できるだけ、関わりたくないといった様子でした。自分の子どもも、外国の子どもと遊ばせないといった雰囲気がありました。

東京のある小学校のPTAが去年いちょう小学校に見学にきて、私にどうしてPTAを受けたの、どうしてたくさん活動できるのと質問してきました。私はその人に言いました。私たちができるというのではないです。いちょう小学校の校長先生や先生たちが私たちを理解して、私たちを一生懸命引っ張ってくれます。この学校がよいからです。いちょう小学校には素晴らしい環境があるからできるのです。東京のPTAの方も納得していました。

いちょう小学校では普通の人でなくても大丈夫です。人と違っていても、いじめがないからです。しかも外国から来た子どもたちは、誇らしく自分は外国人だよって言っているのです。学校で堂々と言える環境をつくってくれたのは、いちょう小学校の先生方です。先生たちが私たち保護者の見えないところで、想像以上に大変な努力しているからと思います。子どもに対して、温かくて、優しくて、時には厳しく。日本人、外国人などなく、みんな平等に接してくれます。

保護者に対しても同じです。私は学校の役員になる前は、日本の常識も非常識も何もわかりませんでした。PTAとは何かさえもわかりませんでした。言葉ももちろんですが、こうやって文章を書けるようになったのも、先生たちが指導をたくさんしてくださるからです。いちょう小学校の校長先生はじめ全職員がそうです。だから私はこの場を借りて、全国、全世界の皆さんに訴えたいです。この素晴らしいいちょう小学校を知ってほしい、とにかく見にきてくださいと。

在这场面上允许我写文章、我感到非常高兴和荣幸。

如果我不参加银杏小学校的家长会也没有机会介绍银杏小学校。所以我非常感谢老师们。

其实在这以前、我真的不想参加家长会、因为对于做家长会干部非常麻烦这件事、我早已有所闻、并且为了有工作、我也谢绝了参加家长会。

直到有一天。银杏小学校的服部校长和尾崎副校长到我家来、请我做家长会干部、我被两位校长和副校长的诚心诚意所感动、所以我别无选择就是一定要做好家长会干部工作。

最后我欢迎大家来我们这个多国特色的银杏小学校来做客、银杏小学的老师、家长和同学们一定会热情地招待大家。

第二章　学校と自治会の連携

1　自治会といちょう小学校

坂本利恵
（いちょう団地連合自治会事務局長）

いちょう団地の概況

神奈川県営いちょう団地は横浜市泉区西部から大和市に広がる神奈川県では最大の県営住宅で、横浜市側をいちょう上飯田団地（以下いちょう団地）と呼びます。一九七一年から入居が始まり、総世帯数二二三八戸、高層・中層合わせて四八棟あり、単位自治会は八自治会で連合自治会が取りまとめています。この三三年の間に、一口に言い表せない様々な取り組みがあり、今のいちょう団地の自治会が築きあげられてきました。入居が始まった当時、すぐに自治会の組織をつくり、生活環境の整備をはじめ、交通網の実現などに取り組んだようです。雨が降ると団地周辺はぬかるみが多く、泥んこになり、小田急線の高座渋谷駅まで歩いたそうです。今では懐かしい話となりました。

入居が始まると、保育園や小中学校が次々と建設されました。働く親のために、学童保育所も認可され、それを頼りに入居してくる人も少なくありませんでした。団地の中にいちょう小学校が開校しましたが、児童数が多く教室に入りきれない状態でした。校庭にプレハブ教室をつくり、学習した思い出もあります。今は、少子化で空き教室もあり、当時は今の状態を誰もが想像できませんでした。団地住民は若い子育て世代で、活気あふれる時代でもありました。子どもから成人までのスポーツ活動や文化活動も活発になり、対外的にも実績を残しています。

一九七九年、飯田北小学校が開校しました。開校にあたり一九七八年から住民集会を繰り返し、児童の通学の安全確保のために、スロープ式の歩道橋設置の要望が繰り返し市へ出され、実現しました。飯田北小学校には、三三棟から四八棟までの児童が通学するようになりました。

一九八六年には戸塚区が三区に分区され、「泉区」が誕生しました。一九八〇年代後半には、「中国残留孤児」とその家族の入居が始まり、その後、「インドシナ難民」の入居も急増し、それまでの団地生活や自治会活動を一変させました。外国出身の住民と生活を共にした経験もない人がほとんどで、その上、生活習慣や言葉の違いを越えて、住民は戸惑いの中、手探りで今の「多文化共生」に向けた取り組みがスタートしました。

一九九六年に公営住宅法が改正され、福祉目的住宅に変わりました。高齢者、障害者、母子家庭などの人が入居しやすくなり、収入基準で一般的にいう標準世帯が入居しづらくなりました。高額所得者が転居を求められ、働き盛りがいなくなり、自治会活動が困難となりました。この八年間で住民の移動が四割もあり、団地住民の構成も一変しました。高齢者は日本人、若い人は外国出身者です。外国出身の皆さんがいちょう団地を支え、自治会運営にも力を発揮していただく日はそう遠くないと思います。

いちょう団地連合自治会の取り組み

外国出身住民との共同生活の面では、大人だけでなく子どもたちにも戸惑いもあったり、別の面では珍しさもありました。子どもたちは大人と違い、生活習慣の違いや言葉の違いが、ストレートに行動に表れ、外国につながる児童に対し「いじめ」に変わっていきました。子どもたちは、外国につながる子どもに対して、「なぜ、外国人が入ってきているの?」「どうして」「どこから来たの」「お前なんか外国へ帰れ」といった言葉のいじめは日常的にありました。将来、子どもたちは、国際化の中で生きていくには、お互いの国や習慣の違いを認め合うことのできる人間になってほしい、決していじめがあってはいけない、歩みよれる場を大人も子どももつくる必要性を感じました。

私の住む階段にカンボジア人の親子が住んでいて、娘の婚約式を集会所でやりたいと、親のカンボジア人の友人が私の自宅を訪ねてきました。日本語もたどたどしく、こちらもゆっくり日本語で話をして、何とか通じました。婚約式には、集会所いっぱいにカンボジアの親戚や友人で、ここはどこの国と思ったほどです。今まで経験したことのない雰囲気で、香辛料をたくさん使った料理のにおいは強烈で、頭はくらくら、初めての経験でした。二ヵ月後、大和市のホテルでの結婚式にも招待を受けました。日本の結婚式と違い、会場いっぱいに出席者が踊り、新郎新婦を祝福している姿に感動しました。この結婚式に出席したことが、いちょう団地の「国際交流会」を立ち上げるきっかけとなりました。

一九九〇年一一月に身障者クラブが毎年恒例で開催しているもちつき大会に、中国からの帰国者や外国出身の皆さんを招待し、日本のお餅を召し上がっていただこうと準備が始まりました。お互いの文化の紹介を通じて交流ができたらと思いました。結婚式で交流がもてたカンボジア人や、子どもを通じて知り合いになれたベトナム人などに声をかけて参加してもらいました。しかし、言葉が通じない……どうしようと悩んでいましたが、大きな力になってくれたのが子どもたちでした。通訳をしてもらい、もちつき大会は大成功でした。外国出身の参加者は、「今日は楽しかった、また、こういう機会があったら誘って下さい」と言いました。こんなに喜んでもらえるなら、是非、来年も開催しようと、役員は意欲を燃やしていました。

一九九一年一一月に「中国からの帰国者とその家族、外国籍居住者との交流会」を集会所で開催しました。お互いの国の「食の交流」「文化の交流」「意見交換」を開催し、お互いのことを認め合う交流会となりました。その後も一年に一回、交流会を続けましたが、第一三回（二〇〇二年）国際交流会をもって発展的解消とし、二〇〇二年度から泉区主催の「国際交流まつり」に参加することになりました。いちょう団地のことを泉区民に知っていただくためです。

外国出身住民の増加と行政への要望

一九九五年頃から急激に外国出身の住民が増え続け、日常的にも住民から苦情が相次ぎ、自治会の対応も限度に達しました。「カラオケ騒音がひどい、深夜二時～三時まで騒いでいる」、「何人いるかわからないが、足音が響き、うるさくて眠れない」、「ゴミを窓から捨てる」、「子どもが窓からおしっこをして洗濯物がぬれて汚い」など苦情処理に大変だったことが、昨日のことのように思い出されます。

大和定住促進センターや神奈川県インドシナ難民定住援助協会（現かながわ難民定住援助協会）などの支援もあり、当事者同士の話し合いのもとに問題の解決を図ったこともありました。通訳を外国出身住民にお願いしたところ、相手から「お前は日本人の味方をするなら、家族もただではおかない」と脅かされ、通訳をしてくれた人は、今後はできないと断ってきました。同様に他の国の通訳をしてくれた人からも断りがありました。同じ立場なのに、指示されなくてはいけないのかといった声もありました。当事者と通訳が住民同士ということでは、難しい点もあります。

このような実態を、入居させている神奈川県は知っているのだろうか、いつも疑問に思っていました。苦情の電話を入れても、縦割り行政で問題解決になりませんでした。神奈川県でいちょう団地のように外国出身住民が多く住んでいる団地の自治会と共同で、一九九九年に神奈川県知事宛に「県営住宅の外国人入居問題に関する要望書」を提出しました。回答を要求しましたが、返事はありませんでした。県に話をすると、入居は県がしているが、横浜市民でもあり泉区民でもあるのでそちらに要望してほしいと言います。そして、何度もたらい回しにされた結果、国の政策でやっているので国へ言ってほしいとのことでした。地域住民のことなど行政は何も考えてくれていない、自治会としてすべてを投げ出したくなるといった言葉も時には出てきました。

外国人も日本人もお互いのことを理解できるように、また、お互いの問題解決のためにも、相談窓口の設置を要望しておりました。一九九八年五月に泉区役所内に中国、ベトナム、カンボジアの人を対象に相談窓口が設置されました（カンボジアの相談は一年限り）。

また、個別問題では、自治会主催の「無料法律相談会」を開催し、弁護士にアドバイスをうけ、その後の援助を自治会役員、民生委員が問題解決まで支援しています。二〇〇二年度から「泉区いきいき区民支援事業」に選ばれ、資金の半額を泉区に支援していただいています。外国出身住民の一番の悩みは言葉の問題です。地域には、いくつかの日本語教室が開催されています。教師は外からのボランティアに支えられています。言葉の問題が解決していけば、日常生活の面ではさほど問題は出てこないだろうと思います。ボランティアでどこまで支えられるのか、資金援助も必要です。親が日本語をしゃべれないこと、また、言葉が通じないことでは、問題解決の陰の力に子どもたちの存在があります。したがって、地域と学校の連携は今では欠かせない活動にもなっています。

二〇〇一年の「国際交流会」の意見交換会での定期協議会を立ち上げたらとの提案を参考に、泉区役所が中心となり、二〇〇二年一〇月から二〇〇三年三月まで、「外国籍等区民対応関係者連絡会」が開催されました。二〇〇四年度からは、自治会の呼びかけで、地域、学校、区役所他の関係者が三ヵ月に一度、「いちょう多文化共生まちづくり懇談会」に集まっています。これからは、もっと内容が深くなり、「多文化共生のまちづくり」の具体化が協議される会議に発展していくと思います。

地域と学校の連携

以前の自治会と学校の関係は、行事の時に交流するくらいで、問題があった時、どちらかというと子どもたちが不始末をした時、苦情処理で学校と対応をするくらいの繋がりでした。過去にはいちょう小学校の校庭を借りて「体育祭」「夏祭り」がありましたが、遠慮しながらお借りしていました。学校の門をくぐることさえ躊躇して、今で言う地域と学校の連携にはほど遠いものでした。団地の子どもたちが通う小学校は二校あります。信号を境に学区が分かれていて、子どもが通っていないと、いちょう小学校まで足を運ぶことはありませんでした。

一九九九年の第一〇回国際交流会をきっかけに、地域と学校の距離が密接になりました。カンボジア人の家族が国際交流会でバンドの演奏をしたいとの要望があり、集会所では音が割れるし、悩んだ結果、学校の体育館をお借りしようと決まりました。以前、「文化祭」「団地祭り」で体育館をお借りしたことがあるけれど、果たして貸してくれるだろうか不安が頭の中をよぎりました。

自治会関係者も多数参加する夜の保護者懇談会

当時の瀬野尾校長先生にお願いしたところ、快く承諾していただきました。また、各国ごとの料理を作るために、家庭科室の使用を依頼したところ、一ヵ所開けると、校内全体に人が入る可能性があるので、最初は躊躇されていましたが、連合自治会がすべて責任をもつことを条件に受け入れていただきました。

国際交流会の一日前に突然、学校に一本の電話が入りました。「参加者が団地以外からも来ると聞いたが、治安は大丈夫ですか。警察には連絡をしましたか。何か事件があったらどうしますか。」との内容でした。学校には、地域を信用してほしいことと、緊急に備え泉警察と連携し、パトロールを含め対応していることを伝え、安心していただきました。

第一〇回国際交流会には約八〇〇人も参加し、心配されたこともなく大盛況で終わり、学校との強い絆をつくることができました。文化交流のプログラムでは小中学生の出演もあり、子どもから大人までいろいろな国の出し物もあり、まさに国際交流になりました。この国際交流会をきっかけに、翌年から「敬老会」は体育館をお借りし、開催することができるようになりました。一方、一九九八年から毎年、地域最大の行事である「団地祭り」にはいちょう小学校PTA恒例のもちつきと模擬店を出店していただいています。上飯田中学校区の先生方や以前いちょう小学校に在職された先生方も、もちつきに参加をしてくださっています。

こうした行事を通して地域と学校の連携がスタートしました。また、学校行事の「運動会」には体育指導委員、青少年指導員がお手伝いに入り、先生方と一緒に運営をしています。連合自治会の行事「子どもフェスティバル」「敬老会」には、二校の小学校の児童の参加があり、子どもたちが「会」を盛り上げてくれています。それぞれの学校の先生方が、休日に地域のためにご支援くださっていることには感謝の気持ちでいっぱいです。

一人ひとりの子どもたちのために

子どもたちは家庭や学校で悩みを抱えながら生活をしています。一人ひとりの子どもたちの、健やかな成長としあわせを願い、主任児童委員、民生・児童委員が中心に見守り活動が行われています。学校と地域のネットワークづくりが二〇〇一年から実施されています。学校と地域が信頼関係をもつことがなかったら、子どもたちの個別問題は解決しなかったと思います。

学校と地域の連携が進んだのは、お互いの信頼関係が築かれてきたからだと確信しております。そこには、子どもたちのことを中心にどうすれば一番よいか、共通の願いがあり、問題を共有し考えているからだと思います。差別のない平和な世界の縮図が、この地域の子どもたちを通じて発信できることを誇りに思っています。いろいろな国の子どもたちが、立場や違いを超えて仲良く、ともに遊び、学んでいます。「多文化共生の心」を育て、大人が子どもと一緒に感動することで子どもたちの心が豊かになり、また、子どもの笑顔が大人たちを励ましてくれています。

今後も外国につながる児童は増え続け、国数も多くなり、今以上の絆をつくっていかなくてはなりません。いちょう小学校を訪問すると、いつも思うのが、どの先生もいきいきと仕事をしておられます。全職員で子どもたちを見守り、指導・支援くださっている姿が、子どもたちにとって大きな力になっていると感じております。学校では、九ヵ国の子どもが学んでいます。いろいろな国の子どもたちと一緒に喜んだり哀しんだり、感動を分かち合うことをできる学校だと思います。感動の連鎖がこの学校にあると思います。

いちょう団地には、日本を含め二四ヵ国の人が住んでいます。日本は外国人を受け入れることに抵抗がある国でもありました。行政には経験もありません。いちょうの地域で築きあげたことが、二一世紀の日本の先進地域として、数年、数十年後に各地に反映できることでしょう。そのころには、外国人を受け入れる制度も整い、日本も大きく変わっていることと思います。いちょう小学校が、「多文化共生」の学校としてさらに輝き、発展していくことを期待しています。いちょう小学校、また、上飯田地域で共に学んだ子どもたちが、経験を生かし、日本に、そして世界に広く羽ばたいてほしいものです。

《コラム》

子ども会の活動といちょう小学校

杉原静枝
（連合子ども会育成会会計）

いちょう団地連合子ども会が発足したのは平成一一年の秋でした。それまではいちょう団地内の単位自治会ごとに別々に活動していましたが、少子化の影響で子どもが減ってきたこともあり、子どもたちの交流をより活発にするために、団地全体を対象に連合子ども会を発足させました。

連合子ども会には、いちょう団地に住むいちょう小学校と飯田北小学校の子どもたちが参加しています。活動を支えるのはスタッフ会議に参加する二四人の子どもたちです。スタッフ会議には、日本人の子どもだけでなく、いろいろな国の子どもたちも参加しています。この子どもたちに、OB・OGとして参加する中学生や高校生も交えて、年間の活動計画を立て、自主的に活動しています。はじめは飯田北小学校の子どもの参加は少なかったのですが、ここ二〜三年で徐々に増えてきました。

団地祭りでの子ども会テント

　年間の主な活動は、四月の総会に始まり、五月のお出かけ会、八月の子どもフェスティバル、一〇月の団地祭り、一二月のお楽しみ会、一月のクリーンキャンペーン、三月のお別れ会などです。この他に毎月一回土曜日にスタッフ会議があります。

　活動のうち三月に行われるお別れ会は、いちょう小学校の体育館を借りています。八月の子どもフェスティバルでは、最後に校庭でファイヤーストームを行います。ファイヤーストームはいちょう小学校の先生方が総出で準備し、子どもたちを楽しませてくれます。この他にも、各活動のお知らせを学校を通して配ってもらったりもしています。子どもたちのおかげで学校と地域の関わりがとてもスムーズになっています。

　連合子ども会としての活動は今年で五年目を迎えましたが、いろいろな国の子どもたちが、力を合わせて活動していることや、活動を通してリーダーが育ってきたことは嬉しい限りです。これからは、卒業した中学生、高校生も引き続き活動に関わり、やがて大人になって子ども会の活動を支えてくれることを願っています。

第三章　学校とボランティアの連携

1　上飯田地区「親子の日本語教室」について

櫻井ひろ子
（かながわ難民定住援助協会会長）

地域の日本語学習支援の経緯

ＮＰＯ法人かながわ難民定住援助協会では、一三年前より地域の定住外国人の子どもを対象とした「ボランティア学習室」を設けています。「ボランティア学習室」の開催日時は週末の午前・午後や週日の夜間で、回数は週に一回、形式は教室形式です。場所は地域の公共機関などを借用しています。ボランティアの背景は、研究者や現役の小・中学校の教師、主婦、定年退職後の方など様々です。年代は二〇代から八〇代までとなっています。対象者は地域の児童・生徒、高校生などで、大学生などもまれに来ます。参加生徒数は一回に数人から一五人くらいになることもあります。学年や学習内容などが違うために、個々で対応するのがいいと考えています。定住外国人の子どもたちはボランティアの学習現場によく宿題や試験勉強をしにきますが、本題に取りかかる前の日本語の質問項目が理解できずに四苦八苦しています。また、大学受験生や大学生は論文が書けずに苦しんでいます。これまた、日本語の学習言語の未習が原因と考えられます。

「ボランティア学習室」の課題は、場当たり的な対応や対処療法にならざるを得ないことです。その理由は対象者のニーズが宿題や翌日の試験への対策など、時間がないために、先ずは問題の日本語が理解できてもできなくても、答えを出して覚えさせて間に合わせるということの繰り返しになるからです。こういう方法を続けていて、虚しくなるのは対象者に対して真に役に立つ学習を何も提供することができないことです。その上、対象者の学校生活をまったく理解せずに補習を続けるのは、対象者に余計な負担をかけることになるのではないかとの懸念をもつようになりました。そこで、学校現場に相談に伺うことにしました。

子どもの日本語教室の設立

今から一二年前に地域の小学校を訪ねて、定住外国人の子どもたちの補習をしている「ボランティア学習室」の指導方法などで何らかの連携を取れないかと提案をしましたが、そのころはまだ、神奈川県でも定住外国人は五、六万人の頃で、外国籍生徒の数も少なく、一ボランティアグループがいきなり学校と連携して活動をしたいと申し出ても叶うはずもありませんでした。

当協会としては、生徒たちの精神面でのよりどころとしての役割を大事に受けとめて、学習室を開き続けました。また、この間、「学習補講のボランティア」の養成講座なども開いて、ボランティアのレベルアップも図りました。そんな試行錯誤を繰り返していた頃に、インドシナ難民の受け入れ施設である、大和定住促進センターで日本語の指導に当たっていらした関口明子先生と、定住外国人の子どもたちの日本語環境について、何度かお話をする機会がありました、そのたびに話の結論は、学校と連携して日本語を体系的に一定期間集中して勉強できるプロジェクトを立ち上げることはできないかということでした。そしてそのプロジェクトは地域の学校と日本語の専門家そしてボランティア団体が協力し、連携すること、つまり学校生活の中で日本語で困難をきたしていることは何なのかを学校の先生方から教えていただき、体系的な日本語を効率よく指導すること、そのためには専門家が必要であること、また、その補助者として長年子どもたちの学習の手伝いをしてきたボランティアの協力も欠かせないということでした。

それから、ことあるごとに各方面に訴え続けましたが、なかなか理解が得られず八年が経った平成一二年に、当協会傘下の日本語ボランティアグループ代表者から、いちょう小学校の校長先生が「外国籍の子どもたちに識字教育が必要だと思う」ともらされたと聞き、早速校長先生をおたずねしてこの計画をお話しましたら、ご理解を得ることができました。先ず、いちょう小学校と近隣の飯田北小学校の両校長・副校長・国際教室担当の先生方、それに日本語の専門家である関口先生、さらに当協会事務局と傘下の日本語グループ代表者がメンバーとなって、実行委員会的なものを重ねて、実施の運びとなりました。

計画を実施に移すには資金が必要です。幸いなことにアジア福祉教育財団難民事業本部の理解を得て、一部の支援を受けることができました。学校サイドからは生徒と保護者への案内と場所の確保や資料準備でのご協力をいただき、専門家は年少者への日本語指導で定評がある国際日本語普及協会（ＡＪＡＬＴ）のご協力を仰ぐことができました。また、ボランティアは当協会傘下のボランティアグループに呼びかけて協力者を募りました。そして試行錯誤で「子どもの日本語教室」を立ち上げました。一クール一五回で一回二時間授業です。当初対象者は中学生を予定していましたが、意外にも小学校一、二年生がいちょう小学校と飯田北小学校の二校で一二、三名集まりました。その他に三～五年生、中学生などが数名参加しますので、前半の一時間は一年生と二年生の授業、後半の一時間を三年生以上が学年別にグループ制で授業をすることにしました。

親子の日本語教室

以上のような経過を経て、現在、文化庁事業になってから、二年が過ぎようとしていますが、ますます参加児童生徒は増える傾向で、いちょう小学校だけだった会場が、今年度からは飯田北小学校と二校となり、一年生が両校で二三、四名、二年生が一二、三名、三年生八名、四年生一名と盛況です。

文化庁事業になってからは、子どもたちの保護者も参加するようになり、上飯田地区「親子の日本語教室」と名称もかわり、地域の学校、教育委員会、地域行政、関係機関、専門家、ＮＰＯの連携が成立して、定住外国人とその子どもたちへの日本語の環境づくりをスタートすることができました。

事業内容は主に横浜市立いちょう小学校と飯田北小学校の児童生徒とその保護者を対象に、学校生活で必要な日本語を一定期間集中的に学ぶことで、学校生活をより豊かで楽しいものにすることを目的としています。開催回数は年間二〇回～三〇回として、学校の行事などを考慮してスケジュールを決定しています。一期一〇回のうち、火曜日を四回と水曜日と木曜日の三回の放課後、子どもクラスは両校とも学年で二クラスに分けてそれぞれ四五分授業を行っています。また、保護者と子どもを対象とした「夜のクラス」の時間は九〇分授業となっています。

親子が共に学ぶ

子どもクラスの授業内容は五期までは教科書の予習や復習、算数の加減乗除を文章題にしたり、九九を定着させたり、と教科内容の補習的要素が含まれていましたが、六期からは本に興味をもたせて読み聞かせをする中で、日本語の総体的、体系的指導を盛り込み日本語の基礎を確実なものとします。

また、「夜のクラス」は保護者が子どもの学校生活を理解しやすいカリキュラムとなっていて、「リソース型日本語教材」に沿いながらも、両校から年間行事表や給食献立表をいただいて教材にしています。また、子どもたちが学校生活で使用するものを理解できるようにしたり、時には学校の先生にお願いして校内施設をご案内いただいて、学校の施設に興味をもって覚える実践的な勉強もしています。授業の場所はいちょうコミュニティハウスの国際交流室または会議室と、飯田北小学校では国際教室の二教室と図書室を使用させていただいています。

事業の役割分担と成果

学校・専門家・地域行政とNPOの連携事業として始まった「親子の日本語教室」プロジェクトのそれぞれの役割として、学校は場所の提供と資料作成の協力、生徒と保護者への周知の徹底、専門家は当然のことながら、日本語のコースデザイン、カリキュラムの作成と直接指導そしてボランティアへの指導を行います。一方、ボランティアは授業中、対象者への学習環境を整えながら、授業内容の定着の補助を個別に行い、また、対象者の家庭が日本語でのコミュニケーションがとりにくい環境にあることから、その面での精神的フォローをともなう活動をこころがけています。地域行政は日本語ボランティアの養成講座などの開催でこの事業をバックアップしてくれています。

地域でNPOだけではできない事業も、学校や専門家が連携・協力することで事業が円滑に成し遂げられる点が組織間の連携の成果です。例えば、NPOにとってこの事業をする上で、苦慮するのは場所（拠点）の確保ですが、学校内もしくは学校の敷地内で場所を確保できることは対象者に負担をかけず、安全面でも問題がありません。また、対象者とその保護者にとって、学校に対する信頼感があり、「親子の日本語教室」について学校側から対象者に周知することで、放課後にもかかわらず対象者が積極的に日本語授業に参加しています。

一方、日本語の年少者指導では経験豊富な日本語の専門家が指導することで、対象者にとってわかりや

親子で日本語を学ぶ参加者たち

外国籍の子供教育支援

親子いっしょ日本語学ぶ

放課後の学校利用　ボランティアら指導

横浜市泉区

インドシナ難民定住者ら外国籍の子供の日本語教育を支援しようと、横浜市泉区内の小中学校四校と市民団体が、同区上飯田町の市立いちょう小で、小中学生や保護者を対象に日本語教室を開いている。放課後、授業の予習や復習をしながら、日本語の基礎力をつけるのが狙いという。

横浜市教委によると、泉区の小中学校には外国籍の子供が約二百人在籍する。近隣の大和市にインドシナ難民の定住促進施設「大和定住センター」（一九九八年閉所）があったため、難民指定の子供が多い。このため外国籍の子供の学力向上を図ろうと、昨年秋から文化庁の事業として教室の運営を始めた。

指導するのは、国際日本語普及協会（本部・東京都港区）の講師や大和市のNPO法人「県インドシナ難民定住援助協会」のメンバーら約二十人。

日本語教室は、市立いちょう小の会議室で月十回ほど開かれる。夕方は小学生が対象で、毎回約二十人が出席。その後の夜の部には、中学生や父母らも参加する。国語の教科書の音読や算数の文章題などを説きながら、日本語を指導している。

小学四年の長女(8)と一緒に通うベトナム国籍の会社員ディン・ライ・キム・ホアさん(34)は「娘に大学へ進学してもらうのが夢。そのためには日本語の勉強が必要」と話す。

講師を務める市民グループ「風の子」の松本典子代表(45)は「外国籍の子供が日本語の理解力を深めるきっかけとなり、将来の可能性を広げる手助けになれば」と話している。

読売新聞　2004年7月26日

すく、効率よく、日本語の指導がなされるために、確実にステップアップが望めるので、不定期開催にもかかわらず、「親子の日本語教室」に三年間も休まず、通い続けている生徒たちがいます。また、教室形式をとりながらもボランティアによる個別指導がとられているので、授業内容の定着率もよく、待ち時間には宿題を出してボランティアに聞きながら仕上げる生徒もいて、家庭では困難なフォローをする場ともなっています。成果は見え難いものですが、そんな中でも生徒たちが自分らしさを出せる場所の一つに、「親子の日本語教室」を位置付けているように見えるところです。

この事業は地域の定住外国人とその子どもたちにとって必要な機会と考えますが、文化庁事業の終了も視野にいれたその後、地域だけでの開催についてまだ、方針が定まっていないことが課題です。

《コラム》

親子の日本語教室を通して

松本典子
（ボランティア・グループ「凧の子」代表）

放課後や土曜日にいちょう団地を歩いていると、「先生、どこ行くの?」と大きな声で聞かれたり、後ろから来て私の目を手で覆い、「誰だかわかる?」と聞いて来る子がいて、少しずつ築いてきた子どもたちとのつながりが実感でき、嬉しくなります。

「上飯田地区親子の日本語教室」で子どもたちと接して三年、知れば知るほど日本語を母語としない子どもたちの日本語上の問題の大きさがわかり、とても焦りを感じた時期もありました。しかしずっと見ていると、どの子もその子のペースで確実に成長していて、日本語の部分ばかりにこだわって焦っても仕方がないことを思い知らされます。自分自身の子育てを振り返ると、親はなかなか欲張りで、子どもの小さな成長を見逃してしまいがちですが、この現場で何の制約もないボランティアの立場から子どもたちを見ると、不思議なほどそれぞれの子どもたちの成長ぶりや良さが見えて楽しいです。また残念ながら様子が少し変だと思われることもあります。そしてこういったことこそ、ボランティアがまず大切にし、受け止めなければならないことなのだと思います。

カタカナの書き順が違うと指摘し、一緒に練習した子が翌日、「先生、見ててね」と言いながら、正しい書き順で書けるようになったことを見せてくれたことがありました。今はこんなささやかなことを、子どもたちといくつも積み重ねていけたらと思います。そしてこの小さな積み重ねこそが、総体的、体系的な日本語学習につながるものであることを、ＡＪＡＬＴの関口先生は焦りがちな私たちボランティアに、「できることからゆっくり」という言葉で教えてくださっていたのだと思います。

とはいえ大人の日本語教室とは違い、「勉強したい」という意志をもたない子どもたちを学校の授業がやっと終わった放課後、日本語教室に通わせることは本当に難しいです。周りにいる大人の誰かが強く働きかけ、背中を押さなければ…この地域ではその役目を学校の先生がしてくださっています。これは本当に有り難いことです。

そしてだからこそ、いい教室を子どもたちに提供したいと思います。ボランティアといえども指導法を身につけなければ、子どもたちの力にはなれません。ＡＪＡＬＴの先生方のおかげで、日本語の教え方をじっくり勉強させていただくことができました。どんな教科も、聞く→話す→読む→書くの丹念な繰り返しがとても重要であること、ステップを細かくし、注意深く子どもたちに接しなければならないことなど、ボランティア一人ひとりが深く理解しなければならないことはたくさんあります。

子どもに多くを求めず、できるようになったことを一緒に喜びながら、次のステップへ促すこと、この働きかけを辛抱強く続けることこそが大切なのだとつくづく思います。

2　多文化まちづくり工房といちょう小学校

早川秀樹
（多文化まちづくり工房代表）

多文化まちづくり工房について

多文化まちづくり工房は二〇〇〇年に正式に発足しました。しかし、実質的な活動は一九九四年に数名の学生で立ち上げた日本語教室がもとになっています。したがって活動を開始してから今年で一〇年という節目の年にあたります。

活動を始めた当初は学生の団体ということもあり、日本語教室に限定した活動でした。しかし、活動を続ける中で、単に日本語の問題だけではない課題や、様々な世代や立場によっての課題の存在も感じるようになり、活動の幅を広げ、学習サポートや進路相談など子どもたちへのアプローチを始めました。それでも見えてくる課題に対して、深さ・広さ共に無力であると感じ、より生活に密着していく必要性を感じました。また、教室という限られた空間だけではなく、彼らの生活する地域自体をつくっていくことが必要だという視点をもち始め、「多文化まちづくり工房」という、一見何をするのかわからないような名称の団体を立ち上げることになりました。私自身も大学卒業後も、より深くこの地域に関わっていきたいと考え、この活動に専念するため、二〇〇〇年一〇月にはいちょう小学校正門の目の前に事務所を借りました。いちょう団地のお祭りにも参加させていただき、少しずつではありますが、地域とつながりをもって活動を進めていくスタイルをつくってきました。

団地祭りに出店する多文化まちづくり工房

現在の活動

現在のおもな活動は、日本語教室、小学生の学習補習教室、中学生の学習補習教室です。活動の中心となっている日本語教室は週に二回、夜に行っています。ここには主に若い世代の仕事をしている学習者が集まっています。ボランティアも学生など若い世代が中心ですが、最近では幅広い層の方たちが参加してくれており、地域の中に住む方の参加も出始めています。また、成長してきたベトナムやカンボジア、中国などの若者たちも、ボランティアとして参加してくれるようになってきており、日本に来たばかりの子どもたちの学習を支えてくれるようになりました。

また、日本語教室は昨年から週に一回ではありますが、平日の午前中にも開催しています。そこでは主に小さな子どもを抱えた母親たちをターゲットとしています。子どもを抱えて仕事に出ることができない母親は、外との接点をもちにくいのではないかと考え、少しでも日本語を学びながら母親同士のネットワークを作ったり、子育てについての情報を得る場にしていければと考えています。最近では自治会を通して、民生委員や児童委員の方に保育ボランティアとして関わってもらっています。これによって小さな子どもを抱えたお母さんがより参加しやすい場にすると同時に、地域の日本人と外国籍の人とのつながりをつくる場にしていければと思っています。

学習補習は小学生については、現在週一回、中学生についてはほぼ毎日という形で場を作っています。どちらの場についても、ボランティアの関わりであったり、場の雰囲気であったり、学校とは一味違った場づくりをしていければと思っています。場の拡大は多少考えていますが、小学生については学習の中心は学校だと思っているので、むしろ長期休暇中の協働など、学校を中心としながら連携して動く形をつくっていければと思っています。

中学生についてはやはり学校の中だけではなく、外側でのサポートの場も必要かと思うので、できる限り学習の場の拡充を目指したいと思っています。ただ、中学生についても学校との連携が非常に重要であると思います。現在、上飯田中学校には週に一回程度、午後から放課後にかけての時間帯に入らせてもらっています。この場は中学校の中にありながらも、学校の内側と外側の汽水域のような場で、学校と外側との関係が対等に近く、子どもたちについての情報交換や子どもたちの居場所確保ができていると思います。また、その場を基軸に畑作りや部活化など新しい可能性についても模索しており、非常に楽しみです。

この数年はサポートする子どもの年齢も徐々に上がってきており、高校生の進路相談や、時には大学生の相談への対応なども行ってきました。必要な情報や作業が増え、内容も複雑化して負担も増しましたが、同時に教室活動の中で地域の中で育った若者たちが手伝ってくれるケースが増えてきました。その若者たちの力をもっと地域の中で活かしていけないかということを考えてきました。この数年は高校進学ガイダンスの中で通訳として関わってもらうような形をとってきましたが、〇四年度から多言語情報の発信という形を模索しています。具体的にはベトナム語での地域情報誌、地域や学校で必要だが行政の手が回らない翻訳などをスタートさせました。まだまだ力不足ですが、若者たちの地域への参加という意味でも重要な取り組みだと考えています。

若者たちに関連した取り組みとしては、学齢期を越えて日本にきた若者たちを中心にサッカーを始めました。毎週日曜日に小学校のグラウンドで行っています。普段の練習では地域の日本人の若者とゲームをしており、時には相模原の外国出身の若者を中心としたチームと交流戦を行ったりしています。まだまだ場としては未熟ですが、少しずつ若者たちの居場所になっていくのではないかと思います。

最後に地域への発信ですが、九九年より地域最大の行事である団地祭りにベトナムや中国、ラオスなどの料理を作って出店させていただいてきました。昨年度からは料理と一緒にその国の紹介のビラをつけて、少しでもその国のことを知ってもらえればと考えています。今後はより積極的にいろいろな国の文化を知ってもらえる場づくりを考えていきたいと考えています。

いちょう小学校との関わり

この活動がいちょう小学校の子どもたちと関わり始めてから、長い時間がたっていますが、いちょう小学校との関係はあまり長くありません。

子どもたちと関わりができてから、何回か子どもを通して先生から声をかけていただいて、クラスの様子を見せていただいたことはありましたが、あくまで個人的なつながりだけでした。事務所こそ小学校の正門前に借りたものの学校の敷地にもほとんど足を踏み入れることなく、数年間が過ぎてしまいました。

校長先生が変わられたという情報を得ても、慎重になりすぎ、ご挨拶にもなかなか足が向きませんでした。その後、〇二年に教室に来ていた子どもが事故にあってしまい、状況説明のために否が応でもご挨拶に行かなければならない状況になり、初めて当時の服部校長先生にお会いしました。状況が状況であったし、厳しい対応でも仕方がないと思っていましたが、想像とは逆に、事故のことは残念だったが今後もボランティアにもどんどん子どもたちと関わってほしいと言っていただいた時には、地域の構成員として認めてもらえたという思いがして、大きな力をいただきました。「事務所は近いのだから、ちょくちょく話をしに来てよ」と気さくに言っていただき、学校との関係づくりに対して期待がふくらみました。

とはいえ、直接的なつながりをつくるきっかけがつかめず、なかなか進展しませんでした。〇三年に小学校の一部をボランティアなどの多文化共生事業が優先的に利用できる「国際交流室」として、使わせていただくことになり、日常的に学校敷地内に入らせてもらうようになりました。四校連絡会などの場にも呼んでいただいたり、保育園の集まりで顔を合わせたりといったことを繰り返す中で、少しずつ距離が縮まっていきました。

そして、〇三年の夏休み、泉区国際交流祭り実行委員会の会議が終わった時、校長先生に「夏休みの補習教室をやっているんだけれど、予想以上に子どもが多くて。もしよかったらボランティアの方を連れて、手伝いにきてもらえない?」と声をかけていただきました。私はその日のうちにボランティアたちに声をかけ、翌日の教室から参加させていただきました。

教室は先生たちがずいぶん遅くまで準備したのだろうと思います。ボランティアには参加しやすく、みんな楽しませてもらいました。教室の後には毎回のようにお茶やお菓子を用意していただき、時には給食までいただいてしまって、もしかしたら、気を使わせてしまっただけで、たいした力になれなかったのではないかとも思います。

しかし、日常の活動だけでは知り合えない子どもたちと知り合えたり、知っていても普段とは違う表情を見られるのがとても楽しくて、今年も参加させていただきました。子どもたちも顔を覚えてくれて、教室だけでなく日常的にも声をかけてくれることが多くなりました。私たちとしては断られることがなければ、毎年参加させてもらいたいと思っています。

小学校との連携の意義

いちょう小学校との連携には大きく二つの意義があると考えています。

一つは子どもたちとの関係づくりという点です。私たちの活動の利点は関わる年数の広さにあると思っています。学齢期までは母親を通して関わり、学齢期以降は直接的に、時には大学生や社会人になってからも関わり続けていくことになります。つまり相手の年齢に関わらず、サポートをすることも、活動に参加してもらうこともできるということです。

その子どもたちと直接的に関わる起点として、小学校との連携は非常に重要だと感じています。工房としても小学生の補習教室は開催しているので、そこに来たことのある子なら中学生になってからの関わりは作りやすいのです。しかし関係性をもたないまま中学生になってしまうと問題が見えにくくなっているケースが多く、精神的にも小学生よりも関わりがつくりにくいと感じています。やはり小学校の時点から学校を通して子どもたち一人ひとりと関わる事で、お互いの相手に対する認識度が変わってくるのではないかと思います。

もう一つは地域との連携という点です。自治会や区役所、保育園など地域の諸機関との連携がスムーズになってきたのは、学校の行事や四校連絡会など、学校関係の様々な場面に呼んでいただくことで、地域の信用をいただけるようになったおかげだと思います。

代表である私自身はいちょう団地の住民ではなく、泉区民でさえありません。教員免許もなければ研究者でも日本語教師でもなく、何の肩書きももち合わせない、単なる一個人にすぎません。学校にしても地域にしても、そんなうさん臭い人間を受け入れることは簡単なことではなかっただろうと察しています。

それでもここまでの関係をつくることができたのは、学校や自治会はもちろん、区役所や教育委員会、市民活動グループなど、いろいろな立場の方々からのお気遣いと、私たちの活動に関わり存在を意義づけてくれている子どもたちのおかげだと思います。皆さんのご助力に感謝しつつ、今後も積極的に関わりをもち続けていきたいと思っています。

第四章　四校連絡会――学校間の連携

金子正人
（国際教室担当）

1　上飯田地区四校連絡会

四校連絡会の立ち上げ

上飯田地区四校連絡会は、外国につながる児童生徒が多数在籍する、いちょう小学校・飯田北小学校・上飯田小学校と、三校の卒業生の通う上飯田中学校の国際教室担当者が集まって情報交換をする会として平成一〇年に発足しました。共通の課題を抱える各校が、共同して外国につながる児童生徒の受け入れ体制を整え、課題の解決を図ることを目的に設立された会でしたが、時には担当者同士の悩みを語り合うリラックスした場にもなりました。

発足当時は担当者だけのざっくばらんな会でしたが、平成一一年に文部省（現文部科学省）「外国人子女教育受入推進地域」の研究指定を受けて以降、校長も参加する会となりました。研究指定をきっかけとして、四校合同で授業研究会を行ったり、外部から講師を招いて研修会を開いたりしました。また、各国の文化に親しむことを目的に「四校児童生徒交流会」を開催し、四校の子どもたちの交流を図ることにしました。平成一二年一一月には、研究指定の成果報告会として、「研究発表会」を四校共同で開催しました。「外国人児童生徒が共に学ぶ学校づくり」をテーマに開催した発表会には全国から四〇〇人を超える方が参加してくださいました。この研究発表会を機に、四校が地域とも連携して外国につながる児童生徒を受け入れていく環境づくりが進みました。

平成一三年には文部科学省「帰国・外国人児童生徒と共に進める教育の国際化推進地域」の指定を横浜市が受け、本校はそのセンター校として、四校連絡会の活動を軸に研究を推進することになりました。平成一三年からは、横浜市教育委員会「在日外国人に関わる教育実践地域校」事業委嘱を受け、幼稚園・保育園・ボランティア団体との懇談会や高等学校との懇談会を定期的に開催し、子どもの育ちを一環して支える体制づくりを進めるようになりました。

親子の日本語教室

こうした地域との連携の中から立ちトがったのが「上飯田地区親子の日本語教室」です。平成一二年より、「神奈川県インドシナ難民定住援助協会」（現「特定非営利活動法人かながわ難民定住援助協会」）の呼びかけに応じ、「子どもの日本語教室」を開催していましたが、平成一四年からは文化庁の事業である「学校の余裕教室等を活用した親子参加型日本語教室の開設事業」の依嘱を受け、放課後の日本語教室に加え、夜の「親子の日本語教室」を設置することになりました。実際の教室運営には、横浜市泉区の主催する「ボランティア養成講座」で研修を受けたボランティアスタッフも参加しています。平成一六年には文化庁の視察団が訪れ、今後の教室運営のあり方について協議をしました。

地域とのつながり

一方、四校連絡会は自治会とも深く関わっています。平成一四年に開催された泉区役所主催「外国籍等区民対応連絡会」に四校の代表が参加し、いちょう団地を中心とする上飯田地区の多文化共生に関わる話し合いを行いました。この会議において、いちょう小学校の図書室として利用していたスペースを、社会教育施設である「いちょうコミュニティハウス」に移管し、多文化共生の地域づくりの拠点として整備することが提案されました。泉区が予算を確保し、平成一五年から「国際交流室」と改称して供用を開始し、現在はボランティアによる日本語教室や外国につながる児童生徒への学習室等の会場として有効に活用されています。

この会議には、いちょう団地連合自治会、泉区役所地域振興課・区政推進課、泉区役所外国人相談窓口相談員、上飯田地区四園連絡会（外国につながる園児の多い保育園の連絡会）、外国人住民代表、ボランティアグループ代表等が参加し、多文化共生の地域づくりについて様々な角度から協議を行いました。また「外国籍等区民対応連絡会」の趣旨を生かして設立された「いずみ多文化ネットワーク」にも加わり、引き続き、自治会、ボランティア、行政と共に「多文化共生のまちづくり」を推進しています。

さらに平成一四年に始まった「泉区国際交流祭り」に四校として参加し、ステージ発表で各国の踊りを披露したり、スピーチ大会に出場したり、学校での取り組みを掲示したりしています。

四校連絡会は当初、国際教室の担当者会としてスタートしましたが、七年の間に「多文化共生の地域づくり」に積極的に関与する会へと成長していきました。学校は子どもの教育を本務としていますが、子どもの育ちの背景には保護者がおり、地域社会があります。私たちはこれまで積み上げてきた保護者との関わりや、地域とのつながりを大切にしながら、今後の活動を築いていきたいと考えています。

四校児童生徒交流会のあゆみ

平成一一年度

第一回　いちょう小学校　七月　二胡（中国楽器）の演奏会

第二回　飯田北小学校　一二月　各国の遊び大会

第三回　上飯田小学校　二月　ゲーム大会

平成一二年度

第一回　飯田北小学校　七月　各国の遊び大会

第二回　いちょう小学校　一二月　スポーツ大会

平成一三年度
第一回　飯田北小学校　七月　つくって遊ぼう各国のゲーム
第二回　上飯田中学校　一〇月　文化祭に参加
第三回　上飯田小学校　二月　日本のお正月
平成一四年度
第一回　上飯田中学校　一〇月　文化祭に参加
第二回　いちょう小学校　一一月　各国語の本の読み聞かせ
第三回　飯田北小学校　三月　ベトナムを知ろう
平成一五年度
第一回　上飯田中学校　六月　ゲーム大会
第二回　上飯田小学校　一二月　カンボジアのゲーム&料理
第三回　いちょう小学校　一月　ミニコンサート
平成一六年度
第一回　上飯田中学校　六月　吹奏楽部の演奏とゲーム大会
第二回　飯田北小学校　一〇月　ペルー・ブラジルの踊り&料理

ミニコンサートでの二胡の演奏

2　飯田北小学校と四校連絡会

清水良子
（飯田北小学校国際教室担当）

学校の実態

飯田北小学校は、明治六年に「飯田学舎」として設立され、その後、中和田小学校北分校、上飯田小学校北分校、いちょう小学校北分校となり、昭和五四年飯田北小学校として開校しました。現在は、児童数二一六名（そのうち、外国につながる児童五八名）、学級数九学級（そのうち、個別支援学級二学級）の小規模校です。

子どもたちは、県営いちょう団地（三三棟～四八棟）から通ってくる子、北分校時代から祖父母・父母・自分と三代にわたって通ってくる子、新しくできた住宅やマンション、アパートから通ってくる子と様々です。

本校は、平成五年度より国際教室担当教員配置校としての委嘱を受けました。現在は、ベトナム・中国・カンボジア・ラオス・ペルー・ブラジル・韓国・フィリピン・タイ・日本の一〇ヵ国につながる子どもたちが共に学ぶ国際色豊かな学校です。また、地域の方の支援を受けながら米や野菜をつくっている学校でもあります。一〇ヵ国の子どもたちが共に学んでいる実態と学区の歴史ある環境から、いろいろな人と豊かな関わり合いを通してより身近な国際理解ができる学校であり、学習したことを情報として発信できる学校でもあります。

一〇ヵ国の子どもたち一人ひとりが、自分の思いや願いを生かし、より身近な国際理解を実施してきいます。そして、そこでの豊かな関わり合いを大事にしていくことによって、「だれもが」「安心して」「豊かに」自分の生き方を創っていけるのではないかと考え、人権教育のテーマを「豊かなかかわり合いを通して、共に学び共に生きる喜びを感じられる子どもの育成」と設定しました。

また、国際教室のテーマを「自分の国や友だちの国を知ろう　みんなに伝えよう世界の中のわたし　みんな地球人」と設定し、活動してきています。

ふれあい広場「みんなの国を知ろう」

国際理解教育の取り組み

本校では、一〇ヵ国のことを学校全体で学び合い、お互いのよさや違いを認め合いながら、共に生きる素晴らしさを実感しています。そして、自分たちの活動を保護者や地域に発信してきています。その活動が、ふれあい広場「一〇ヵ国のことを知ろう」やふれあい広場「みんなの国を知ろう」です。また、保護者も学校について理解し、共に子どもたちを見守っていくために、通訳を通しての国際教室保護者会を開

いています。

ＰＴＡ主催の世界の料理講習会では、自分たちの国の自慢料理を教え合いながら作ったり、人権研修では、それぞれの国の習慣や保護者の思いや願いなどを聞いたりして、保護者や地域へひろげる機会となっています。

子どもたちは保護者・地域の方・ボランティアと多くの人に見守られ、支えられながら、活動しています。

四校連絡会との連携

・四校連絡会

平成一〇年度から発足した四校連絡会では、お互いに情報を交換する中で、四校として取り組むものや参考にしながら各校で取り組むもの、それぞれの学校独自で取り組むもの、保護者や地域へも働きかけて一緒に取り組むものなどがあきらかになり、活動がより効果的に進められています。

特に一一年度・一二年度の文部省「外国人子女教育受入推進地域」の研究は、本校の研究を進める上で大きな契機となりました。これからも、四校連絡会のよさを生かしながら、本校独自の研究を進めていきたいと思います。

・四校児童生徒交流会

四校の子どもたちが一緒に活動することを通して、自分の学校だけでなく交流を深められる機会となり、新たな自分を見つめる機会ともなっています。また、自分たちが会を進めるときには、自分たちが取り組んできた活動を発信する機会になります。さらに子どもたちが、楽しくそして生き生きと取り組めるようにしていきたいと思います。

・親子日本語教室

親子日本語教室は、子どもたちを丸ごと支えてくれる教室です。教室が終わるごとに話し合いをもつなかで、学校側の要望を受け入れ、子どもたちにとってどうすればいいのか、即、次の教室開催に生かされていくのです。平成一五年度からは、飯田北教室も開設し、子どもたちも自分の学校で、一人ひとりによりそった温かい支援を受けて、学習しています。

・在日外国人に関わる教育実践地域校泉ブロック

四校連絡会の活動をさらに推し進めました。全職員が参加して行う拡大委員会は子どもたちのこれからの活動に活きてくると考えます。

・泉区国際交流祭り

三月の国際交流祭りには、スピーチコンテスト・二年のカンボジアのココナッツダンス・六年の北っ子ソーラン・ぶち合わせ太鼓で参加しましたが、子どもたちは自分たちの活動を発信することができました。

上飯田地区に四校連絡会が発足してから、それぞれの学校で、また四校一緒にと活動を続けてきましたが、地域の力を借りながら、さらに子どもたちを育てていきたいと思います。

3　上飯田小学校と四校連絡会

（上飯田小学校国際教室担当）小室美恵子

国際教室の設置

平成九年度末、いちょう小で、上飯田中ブロックの四校が集まり、外国につながる児童・生徒への支援に関する話し合いがありました。三校の小学校とも外国につながる児童がおり、上飯田中学校に進学するという共通点があったためです。

上飯田小には、以前から中国につながる児童は数名いましたが、平成九年前後に、中国から本校に編入した児童が増えたため、担任の一人としてその会に参加しました。その席で、「国際教室」の存在がわかり、翌年度（平成一〇年度）から国際教室が本校に発足しました。

四校ならびに四校連絡会との関わり

前述のいちょう小での話し合いがきっかけで、平成一〇年度から国際教室担当者の四校連絡会が開催されることになりました。初めて国際教室を運営する本校にとっては、他の三校が実践していることを教えていただき、自分達の学校でできることに思考錯誤しながら少しずつ取り入れていけて、助かりました。

しかし、外国につながる児童（中国とカンボジア）が三校に比べると極端に少ないため、積極的に「自分自身」を出せる子がいないことに気がつきました。

四校連絡会のテーマである「共に学ぶ学校づくり」の考えを常に基盤にすえ、少数ですが、自分のことを「中国人だよ。中国では○○だよ。」「カンボジア人だよ。カンボジアでは○○だよ。」と声を出して言える学校にしていきたいと考え、少しずつですが、教職員や外国につながる児童と一緒に取り組んでいます。その子どもたちを勇気づける取り組みとして、「四校児童生徒交流会」がかなりよい影響を与えたことも間違いありません。

また、「共に学ぶ学校づくり」の考えから、小学校三校では、学校の枠を超え、授業や行事の中で、児童同士の交流を行いました。例えば、本校の一年生が、飯田北小を訪問し、外国のゲームや学校探検をしました。六年生は、いちょう小に飯田北小と一緒に招待され、上飯田中学校へみんなが行くということで、友情を深め合い、交流し合いました。

本校での取り組み

平成一二年度、五年生（中国につながる児童が五名）が、総合的な学習で「ニーハオ中国～中国のことをもっと知ろう～」を取り上げました。自分たちが調べたい課題をもち、そのことについて共に調べ、積極的に実践もしていきました。遊び、食べ物、衣服、楽器、太極拳などに日本の子どもたちは、興味をもち、中国につながる児童は、それに応じるように教えてあげたり、より深い学習になっていきました。このことで、中国につながる児童は、母国について誇りをもち、日本の子どもたちは、友だちの国のことを知り、理解し合うよいきっかけとなりました。そのとき、いちょう小の外国につながる保護者の方々に、いろいろな課題解決のためにお世話になりました。

それからは、教科学習の中で、中国やカンボジアに関して担任の先生方が取り上げることにより、外国につながる児童は自信をもち、自分のことを進んで話すことができるようになりました。今年度（平成一六年度）も、五年生は、中国について総合的な学習の時間で取り上げ、中華街にも行く予定です。

上飯田ワールドでのココナッツダンス

平成一五年度、人権教育の中で、カンボジアを取り上げました。お話会では、いちょう小の日本語教室の講師の方に生活の様子や食べ物、文化などについて具体物を掲示しながらお話していただきました。また、カンボジア語の絵本（日本語も取り入れて）の読み聞かせをしてもらいました。さらに、上飯田ワールドでは、二年生が一〇人ほど、飯田北小から借りた衣装を着て、ココナッツダンスを披露し、より関心が深まりました。

一六年度は、人権教育の中で、中国を取り上げる予定です。

四校児童生徒交流会

四校連絡会の会合を重ねることにより、担当者だけでなく、他の教職員も、さらには、子どもたちとも交流をするべきだという話し合いから、四校児童生徒交流会が行われるようになりました。

本校でも何回か会場校として行うことにより、教職員への意識づけもできました。例えば、二〇〇二年二月に行われた「日本のお正月遊び」では、多数の教職員のお手伝いがあり（たこづくり、遊びの支援、おしるこづくりなど）、四校交流の意義が浸透していきました。

さらに二〇〇三年一二月に行われた「カンボジアを知ろう」では、前半のゲームの審判を各学校の先生が受け持ってくれたり、後半の会食では、料理づくりや子どもたちの世話を積極的にしてくれました。このことから、各学校の先生方との交流も少しずつ広がっていったといえます。

また、ふだん、自分を出せないでいる外国につながる児童が、交流会の進行を受け持ち、主役になれる場面が増え、笑顔も増えてきました。

幼稚園・保育園との交流

平成一三年度からは、「在日外国人に関わる教育実践地域校」（現在では、人権教育推進地域校泉ブロック）の事業を行い、幼稚園、保育園、ボランティア団体、高等学校等との懇談会をもつことにより、小・中学校だけでなく、子どもたちを支援する地域の方々との結びつきが強くなっていきました。特に本校では、多数入学してくる保育園や幼稚園との交流が行われるようになりました。例えば、一年生は、学校に幼稚園児、保育園児を招待し、学校探検をしたり、ゲームをしたり、卒園してから今までにできるようになったことを披露したりしました。六年生は、総合的な学習で、保育体験を取り入れ、何日か保育園や幼稚園を訪問し、園児たちとふれ合いました。

外国につながる園児の多い上飯田保育園では、卒園が間近になる頃に、その園児の保護者と本校の担当者との懇談会をもつことにより、小学校入学への不安の解消にも努めることができるようになりました。逆に、保育園での外国につながる園児や保護者の様子を保育園の先生方から聞くことにより、小学校の教職員が、小学校でどう支援したらよいかを考えるよい機会を得られています。

今年の秋には、保育園主催で主に外国につながる保護者を対象に、「食の文化交流会」を本校で行い、お弁当の作り方を実習します。

いろいろな交流や情報交換会を行うことで、四校だけでなく、児童・生徒に関わる地域の団体との結びつきが広がりつつあります。さらに機会を増やし、子どもたちが生き生きと生きていけるよう、これからも支援していきたいと思います。

4　上飯田中学校と四校連絡会

伊藤　学
（上飯田中学校国際教室担当）

上飯田中学校も学区内の小学校同様に外国につながる生徒が多数在籍しています。そこで国際教室を設置し、校内には国際理解教育委員会を設置して外国につながる生徒を支援しています。

小学校時代を元気に過ごしてきた中学生も、日本語理解が十分でない場合、学習内容が難しくなるにつれて、学習に行き詰まりを感じてしまうことがあります。親の世代と生き方が違ってきていて、生き方の問題を強く意識する生徒も出てきます。家庭の学校教育への理解の有無など、思春期を迎えた外国につながる生徒を取り巻く状況はとても難しいものになってきます。

地域でのネットワークづくり

そんな状況から中学校でも、外国につながる生徒を支えていけるようなネットワークづくりを始めています。多文化まちづくり工房の早川さん、国際救援センターに勤務していらした志賀さんに学校に入っていただき、外国につながる生徒が元気に中学校ですごせるように協力していただいています。

いちょう小学校、飯田北小学校、上飯田小学校の先生方や保護者の方とも関係を密にして、些細なことでも情報交換を続けて、太いパイプを築き上げつつあります。

いろいろな関係ができあがるのは、ほんの些細なことから始まることも多いようです。二〇〇四年五月に三つの小学校の先生方が、上飯田中学校へ一斉に授業参観に来ていただき、そのあと懇談会を開き情報交換をするという試みが行われました。この試みは小・中の教員ともにプラスになり、この秋には中学校の教員が小学校の授業参観に行くという第二弾があります。

実はきっかけは、四校連絡会でした。この席上で、自分が「小学校にこうしてくれと言われても、中学校としては物理的に無理がある」という内容の発言をしたのがきっかけで「もっとお互いを知ろう！」という空気が生まれて、一斉授業参観を試みる流れができあがりました。

上飯田中学校での交流会

四校児童生徒交流会で成長する生徒たち

四校児童生徒交流会が始まって四・五年たちますが、毎回の課題は中学生の参加が少ないことでした。自分が国際教室を初めて担当した頃は、国際教室に学習に来る数人の生徒が参加していることで形を保っていたようでした。

二〇〇三年六月、中学校で四校児童生徒交流会を開くことになりました。そこで、全校に呼びかけ、ボランティアで活動してくれる生徒を募集しました。十数人の生徒が呼びかけに応えて、参加してくれました。国際教室で学習する生徒、学級でいろいろなことに取り組む生徒、小さい子どもの面倒をみるのが好きな生徒と、さまざまな生徒たちでしたが意欲的な生徒たちでした。彼らはそれぞれに役割分担を決めて、司会・進行・レクレーションリーダーを務め、小学生の面倒をよくみてくれました。小学生はゲームやレクに歓喜の声をあげてくれ、ボランティアスタッフの生徒たちもとても気をよくしていました。

これをきっかけに、四校児童生徒交流会に運営・参加してくれる中学生が増えました。今後がとても楽しみです。

地域のボランティアの方と

二〇〇三年一一月頃から多文化まちづくり工房の早川さんにお願いして、地域の協力者として外国籍生徒の学習の支援に共に取り組んでいただくようになりました。

このきっかけとなったのは、三人の外国につながる生徒との関わりからでした。三人の生徒は中学に入学してから夏休みまでは、元気に学校生活を送っていました。二学期に入って、休まずに頑張って続けていた部活動を突然三人でやめてしまいました。本人たちは「勉強するから」「大学に行けと親に言われたから」などということを理由にしていました。

担任の先生に本人たちから「これから少し勉強をみてほしい」という相談があったのを受けて、早川さんと休日や火・木の放課後に学習会をもつようになりました。

一年生の始めの頃には、わかっていたはずの英語が、アルファベットを書くことさえもあやしくなっていました。ローマ字も読めないようなのでローマ字の読み方・書き方まで一緒に学習しました。以後定期的に学習を続けてきています。今では、放課後の学習会は、学びの場だけでなく、大切な「居場所」にもなっており、生徒たちも楽しみにしています。

四校連絡会農園「ベジタブルファーム」

いちょう小学校が借りていた畑を借り受け、外国籍生徒と一緒に活動しています。八〇坪ぐらいある土地を草むしりから始めて土を掘り返し、肥料を入れて開墾しました。近所の農家の人も親切に教えてくれて、農家の人のいろいろな知恵を伝授してもらい、生徒と共に学んでいます。ナス・ゴーヤ・二十日大根・サツマイモ・サトイモ・落花生すべての収穫が楽しみです。

小学校との関わり

四校連絡会の会議の場には、はじめはあまりなじめませんでしたが、いつからか本音でお互い話せるようになり、思うことを口に出すようになりました。四校連絡会もこれからは担当者だけの打ち合わせを超えて、全職員間の交流が行われるようになっていくことと思います。

ささやかだけれど今後の試み

まず、外国籍生徒の進路先である高等学校の先生方とパイプを深め、中学を卒業したあとも元気に過ごせるように支援していく関係を築いていきたいと考えています。今そのきっかけになっているのは、四校連絡会が主催する高校との懇談会や、「日本語を母語としない生徒のための進路説明会」等です。その中で高校の先生と関わりをもっていきたいと思います。

それから、外国につながる生徒が元気に活動していける場として、部活動を作ろうということを考えています。畑の管理、四校児童生徒交流会への参加、各種イベントへの参加などを活動のベースにしていくつもりです。

第五章　学校と保育園の連携

1　多文化保育園

浜崎恵子
（北上飯田保育園長）

北上飯田保育園の紹介

横浜市立北上飯田保育園は、いちょう団地の中にあり、今年度は〇歳～五歳児八〇名が在園しています。国籍はベトナム、中国、ラオス、カンボジア、ペルー、タイ、バングラデシュ、日本と様々です。

外国につながる園児の数は年々増加し、平成一〇年度は二割でしたが、一六年度は八割弱となっています。言葉の違いや生活習慣の違いがあり、仲良く生活していくためには、異文化を理解していくことが大切だと思います。

文化の違い

ある時、四歳の女児の背中が、背骨にそって赤くなっているのを知りました。虐待が増加の一途をたどっている時期、もしかしたら…と心配したのですが、それはベトナムの風習で、病気を治す時にコインで背骨をこするのだそうです。大変な誤解をするところでした。

また、厚着の習慣があり一〇月になり少し肌寒くなってくると、厚手のジャンパーにマフラーをし、冬装束で登園してくる子どもが見られるようになります。日本は薄着を奨励する傾向がありますが、それぞれの家庭に任せ、ゆるやかに対応しています。

言葉の問題

いろいろな配慮が必要な中で、一番の問題は「言葉」だと思います。コミュニケーションをどうとるか、保護者に何をどのように情報提供していけばいいのか大きな問題です。

この中で大きな役割を果たしているのが通訳の存在です。週に一回ベトナム語と中国語の通訳が来園し、お知らせ文の翻訳、通訳をしています。四月～六月は日本語が理解できず、心が不安な状態になる新入児のため、クラスに入って保育士と一緒に子どもに対応することもあります。一週間に一回（五時間）の派遣なので十分な対応はできませんが、子どもにとっても、保育士にとっても貴重な時間です。

その他の国の人については、横浜市国際交流協会に派遣依頼をし、入園説明会やクラス懇談会に来ていただいています。また、保護者の中には日本の生活が長く、日本語能力の高い人もいますので、力を借りて通訳を頼むこともあります。ただ、プライバシーに関わる部分の通訳は避けるなどの配慮は必要と考えています。

子どもたちは、入園当初はまったく日本語がわからない状態であっても、卒園する頃には、みんな上達しています。年長組になると、新入児に母語で保育士の言葉を伝えてくれるなど、頼もしい存在の子どもも現れてきます。子どもの適応力ってすごいなと感心することしきりです。

ほとんどの子どもは、家では母語で話し、保育園に来ると、日本語でコミュニケーションをとっています。お母さんたちは、子どもが保育園で正しい日本語を覚えていくことを願っています。そして、母語を忘れてほしくないとも思っています。「子どもが国の言葉を忘れていくのはとても淋しい」と、あるお母さんが話されていたのが心に残っています。

日本語を獲得していく上で、保育園の果たす役割は非常に大きなものであることを、私たちは認識しています。そして、家庭では、母語をしっかりと身につけさせることが、家族にとっても子どもの将来のためにも大切なことだと思います。

いちょう小学校との交流

北上飯田保育園では毎年、十数名の子どもが、いちょう小学校に入学しています。いちょう小学校は徒歩五〜六分の距離にあり、日常的に交流を行っています。小学校の校庭で遊んだり、ウサギ小屋を見たり、一年生や二年生に学校案内をしてもらったり、子どもたちにとっては小学校が身近なものとなっています。

保育園の行事で毎年一月に、「新年お楽しみ会」があります。日本の文化、伝統に触れ合うことをねらいにして、年中長組は、ひもごまを回せるようになりたいと夢中になったり、小さい子は、絵合わせや手回しこまをして楽しんでいます。また、保育士実演の羽根つきを見たり、ＯＧの先生が得意なお手玉を披露してくださったりします。この行事に、毎年、いちょう小学校の一年生も参加し、一緒にひもごま回しに夢中になったり、カルタの読み札を率先して読んでくれて、保育園児が取ったりしています。恒例行事なので、年長組は「次の新年お楽しみ会は、一年生で行くからね」と楽しみにし、当日は卒園生との久しぶりの再会に、名前を呼び合ったり、親睦を深める有意義な時間になっています。

いちょう小訪問

新年を迎えると、年長組は入学まであとわずかになります。「ランドセル買ったよ」「机がきたよ」など、うれしそうに話してくれます。でも、学校ってどんなところだろうと不安に感じる子どももいます。そこで、毎年一月から二月にかけて、園児がいちょう小を訪問する機会を設けていただいています。学校に行くと、一年生二名と園児一名がグループになり、家庭科室、理科室、音楽室など、保育園にはない特別な部屋を案内してくださったり、トイレの場所を教えてもらったり、子どもたちは目をキラキラさせて、案内してもらっていました。また、とても親切にしてもらったことで、不安に感じていた子も、大丈夫なんだと自信になり、期待をふくらませ、入学していくことができました。

毎年三月の保護者懇談会で就学について話し合いをしますが、どのお母さんたちも期待と不安がいっぱいの状態です。今年は、いちょう小と飯田北小の校長先生が出席して、保育園と小学校の違いや心配事があれば何でも相談をしてほしいという話をしてくださいました。間近で話が聞けたことや、受け入れてもらえることで、ホッとした思いをもち、お母さんたちはとても嬉しそうでした。

おわりに

職員間においても小学校の教諭と保育士が、研修の場をもち、情報交換をしたり、夏には新任教諭が保育園で実習を行いました。卒園児が小学校で元気に過ごし、給食をたくさん食べ、お友だちに対してとても優しいといった話を聞き、保育に対する自信ともなり、職員一同今後の励みになりました。

今後も小学校や地域と連携を密にし、外国につながる児童と日本の児童が文化の違いを越えて仲良くし、幸せに育っていくため努力していきたいと思います。

《コラム》カンボジアにつながる園児との出会い

高野由美
（北上飯田保育園保育士）

五歳児を担任した時にカンボジア出身の家族に出会いました。お父さんが体調を崩されていたので、お母さんが一生懸命パートで働き、一家を支えがんばっていました。

保育園生活は二年目で、子どもはすっかり園生活に慣れ、元気いっぱい楽しんでいました。お母さんは、一年目よりは段々と心を許してくれるようになり、お迎えのときに単語を並べながら、仕事や家族やカンボジアでのことを話してくれるようになりました。保育園にはカンボジアの方は一家族だけだったので、なかなか同じ国の人と話す機会がない様子でした。保育園は、お母さんの話し相手になれるようにみんなで受け入れていました。

いよいよ卒園の時期が近くなり、年長児は学校へ見学に行きました。少し緊張していた子どもたちも、小学生のお兄さん、お姉さんに学校案内をしてもらったり、ドッジボールを一緒にしたりするうちに気持ちもほぐれ、学校への期待が高まり、楽しい時間を過ごしました。カンボジアの男の子も、元気に手を上げたり、「おねがいします」と自分からお話したり、意欲的でした。そういう様子を見ていると、卒園前に交流をすることの大切さを強く感じました。お母さんも、彼から学校での話を聞くと、とてもうれしそうでした。

二月に学校での就学前説明会に母子で行くと、学校は入学前に準備するものなどをカンボジア語で翻訳し、イラストつきのとてもわかりやすい冊子を作ってくださっていました。私はそれを見せてもらって、こんなに丁寧に作られていて、この学校へ行く外国人保護者は、恵まれていると感じました。

しかし、お母さんは、私に冊子を見せながら「ねんど?・」「たいそうふく?」とひとつずつ聞いてこられます。どうして？　と思いながら、園にある粘土を見せたり、具体的に物を見せて説明をしました。とても丁寧に説明してある、わかりやすいカンボジア語の冊子ですが、文字を読んだだけでは、日本の学校に通った経験がないので、「ねんど」「たいそうふく」のイメージが沸かないことに気がつきました。私たちは、日本の教育を受けて大人になったので、自然と知っていることが、外国籍の方はそうでなかったのです。

学校の先生は、気に留めてくださって、入学前に一緒に買い物に行って下さいました。お母さんは、とても安心して卒園していかれました。

おわりに——多文化共生社会に向けて

山脇啓造
（明治大学教員）

国連によれば、二〇〇〇年現在、世界人口の約三％にあたる一億七五〇〇万人が「移民」（出生した国以外の国に住む人）で、先進国に限ればその比率は約一割になるといいます。加速するグローバル化や先進国における高齢化の進展により、「移民」の数がさらに大きく増加することが予想されています。国連のアナン事務総長は、〇二年の国連総会で人の国際移動を地球社会の重要課題と位置づける報告を行いました。

日本社会で暮らす外国人も、戦前から居住する在日コリアンなど旧植民地出身者とその子孫に加え、八〇年代以降に来日したニューカマーと呼ばれるアジアや南米出身者の存在によって、多国籍化しつつ、大きく増加しました。世界で最も急速に進む少子高齢化やまもなく始まる人口減少によって、在日外国人のさらなる増加と定住化が予想されます。

国籍や民族の異なる人々が互いの文化的ちがいを認めながら、共に生きていく多文化共生社会の形成は、二一世紀の日本に課された緊要な課題といえるでしょう。

いちょう団地といちょう小学校

「国際都市」として知られる横浜市ですが、現在、外国人登録者数は約六万八千人で、外国人の比率（一・九％）は全国平均をやや上回る程度です。市内最大の外国人多住地域である神奈川県営いちょう上飯田団地（以下、いちょう団地）は横浜市泉区の上飯田地域にあります。

いちょう団地には約二二〇〇世帯が暮らし、その二割強が外国出身者世帯です。中国出身者やベトナム出身者がそれぞれ約二〇〇世帯で、他にもカンボジア、ラオス、ペルーなど二〇ヵ国を超える外国出身者が暮らしています。このように外国出身世帯が多いのは、中国帰国者やインドシナ難民の県営住宅への入居を優先する神奈川県の施策や、隣接する大和市にインドシナ難民定住促進センター（八〇年設立、九八年閉鎖）があったことにより、九〇年代に中国出身者やインドシナ出身者が大きく増えたことがあります。いちょう団地の自治会では、外国人世帯数が三〇を超えた九〇年から外国人住民との交流会を開き、住民間の交流の促進に努めてきました。

いちょう団地では、日本人住民の少子高齢化が進む一方で、外国出身住民は若い家族が多く、子どもも多いため、地域の保育園や学校では、外国につながる子どもたちが多数在籍しています。

いちょう団地の中心にあるいちょう小学校では、九〇年代を通じて外国につながる児童が大きく増加し、ここ数年は、全校児童のほぼ半数が外国につながる児童となっています。いちょう小学校では九二年にふれあい教室（国際教室）が設置され、外国籍児童担当の教員が配置されました。また、九八年には、横浜市教育委員会（以下、市教委）によって、日本語教室が設置され、中国、ベトナム、カンボジア出身の日本語指導協力者が在籍しています。

九九、二〇〇〇年度に、いちょう小学校を含む上飯田地域の四校（三つの小学校と中学校）が、文部省（現文部科学省）の「外国人子女教育受入推進地域」の研究指定を受け、「外国人児童生徒が共に学ぶ学校づくり」の研究に取り組み、地域の小中学校で連携した受け入れ体制が整備されました。

具体的には、外国人児童生徒教育四校連絡会（四校連絡会）を開き、校長や国際教室担当者間の情報交換を行うとともに、四校の児童生徒交流会も開きました。また、〇一、〇二年度は、文科省の「帰国・外国人児童生徒と共に進める教育の国際化推進地域」の指定を横浜市が受け、いちょう小学校はセンター校として、「ともに学ぶ学校づくり――地域と連携した外国人児童生徒教育・国際理解教育のあり方」について研究しました。一方、上飯田地区四校は、〇一年度から市教委によって、人権教育実践地域校として、「在日外国人にかかわる教育実践地域校ブロック」の指定を受け、四校連絡会は、保育園、幼稚園や高校、市民団体との連携を推進しています。

いちょう小学校は、こうした多文化共生教育をめざした地域の連携の中心を担ってきましたが、そこにいたるには、歴代校長の強力なリーダーシップの積み重ねが大きかったと思います。特に、瀬野尾千恵、服部信雄両氏のもと、学校と地域の連携が大きく進展しました。

第一期（九八年四月～〇一年一二月）

九八年四月に着任した瀬野尾校長（当時）は、「地域に根ざした学校づくりの中で、学校を『共生』の発信基地に」することをめざしました。市教委は、中央教育審議会（中教審）の答申「二一世紀を展望したわが国の教育の在り方について」を受けて、九九年に「ゆめはま教育プラン――『まち』とともに歩む学校づくり」を策定しましたが、同プランは地域の活動拠点となる学校づくりを強調するものでした。

瀬野尾校長は、こうした教育改革の新しい流れを踏まえ、九八年度に市教委の「わがまちの学校づくり支援事業」の指定を受け、自治会役員など地域関係者を委員とする「わがまちの学校づくり推進委員会」を立ち上げ、地域との連携を進めました。

九八年に地域の最大の行事である団地祭りにPTAとして参加し、保護者と教員が一緒になって餅つきを毎年、行うこととしました。九九年には、団地祭りに中国、ベトナム、カンボジア料理の屋台が初めて出店することとなり、小学校の調理室を開放しました。また、同年に一〇周年となる自治会の外国人住民との交流会（国際交流会と改称）のためにいちょう小学校の体育館を開放し、児童の参加を促しました。同年八月には、神奈川県内のカンボジア人が集まる交流会に協力し、体育館を開放しました。

一方、二〇〇〇年と〇一年には、PTA会長に台湾出身の木村さんが就任しています。外国出身者がPTA会長になったのは初めてのことでした。木村会長は、〇一年にいちょう小学校の児童を集めて、中国獅子舞泉の会を組織しましたが、その活動を後押ししたのも瀬野尾校長でした。同会は〇二年から泉区役所の助成を受け、地域を代表する文化活動の一つに育ちつつあります。

第二期（〇二年一月〜〇四年三月）

〇二年一月に着任した服部信雄校長（当時）も、「いちょうの『まち』と共に歩む学校づくり」を目標にかかげ、学校の課題と地域の課題の共有化をめざしました。

〇二年は、多文化共生の地域づくりに大きな進展があった一年でした。〇二年一、二月に、泉区役所が地域の自治会や学校、ボランティア団体などに、地域の現状や課題に関する聞き取り調査を行いました。そして、同年一〇月、それらの地域関係者を集めた「外国籍等区民対応関係者連絡会」を立ち上げ、〇三年四月まで毎月会合を開き、地域の課題の整理を行いました。連絡会に参加した服部校長は、学校の立場から多文化共生の地域づくりへの積極的提言を行いました。

特に重要なのが、自治会が以前から求めていた多文化共生の活動拠点を設置する問題で、服部校長は、学校敷地内のコミュニティハウスにある学校の図書室を校舎内に移動し、空いた教室を活動拠点として開放することを、区役所とともに市教委に働きかけました。この活動拠点は「国際交流室」として〇三年五月に開設されました。

一方、泉区役所は、〇三年三月に外国籍区民の現状への一般区民の理解を深めるために、第一回泉区国際交流まつりを開催しましたが、四校連絡会は活動内容の展示を行うとともに、日本語スピーチコンテストへの児童・生徒の参加に協力しました。

服部校長は、〇三年度に、地域関係者を構成員に「『まち』と共に学校づくりを考える会」を立ち上げ、地域との連携をさらに深めました。また、同年七月に行われた夜の保護者懇談会では、言語別（中国語、ベトナム語、カンボジア語、日本語）の分科会に分かれ、通訳を交えて、自治会役員やボランティアなど地域関係者も参加し、熱心な情報・意見交換が行われました。その分科会での意見をもとに、同年一〇月にはＰＴＡ主催の親子で学ぶ中国語教室もスタートしました。

なお、二〇〇〇、〇一年に台湾出身の木村さんが会長を務めたＰＴＡは、〇二、〇三年も中国出身の福山さんが二名の日本人と共同代表を務め、〇四年度には、服部校長の働きかけで、福山さんとともにベトナム出身の保護者も共同代表に加わっています。

いちょう小学校は二一世紀の学校

以上、多文化共生の地域づくりに向けたいちょう小学校の取り組みを紹介してきましたが、この六年余りの間に大きな進展があったといえます。日本人住民が高齢化する中で、外国人住民が増えている地域において、多文化共生の拠点としての役割を果たそうとしているいちょう小学校は、まさに二一世紀の学校づくりに取り組んでいるといえるでしょう。

改定入管法が施行された九〇年以来、外国人の来日が増え、東海地方や北関東地方を中心に各地に外国人多住地域ができました。そうした地域の学校には、多くの外国人児童生徒が集まり、様々な課題が生じています。

外国人児童生徒の多い学校の中でも、いちょう小学校の場合、大きな特徴があります。いちょう団地には、中国帰国者やインドシナ難民の家族など、定住志向の外国人が多く、日本国籍を取得した外国出身者も少なくありません。その結果、いちょう小学校に通う外国につながる児童の中には、日本籍の子どもや日本生まれの子どもも少なくないのが特徴です。そして、国籍の如何や外国生活の長短にかかわらず、外国につながる児童のルーツやアイデンティティを大切にする学校づくりに取り組んできました。

現在、東海地方などの外国人の多い学校では、長期に滞在しても帰国を前提としていたり、来日と帰国を繰り返しているブラジル人家庭の子どもも多く、必ずしも定住を前提にした受け入れ体制をとっているわけではありません。しかし、今から一〇年後には、いちょう小学校に近い状況になっているかもしれません。そうした意味でも、いちょう小学校の「挑戦」は、未来を先取りした実践といえるでしょう。

今後の課題

いちょう小学校と上飯田地域にとっての今後の課題として、以下の三点をあげたいと思います。

第一に、四校連絡会によって、四校の校長や国際教室担当者の間の情報や課題の共有化は進みましたが、他の教員との間で問題意識のギャップが生じていました。〇四年度になって、全教員の参加による四校間の一斉授業参観という画期的な取り組みが始まりました。今後は、四校の連携をより本格的なものにしていくことを期待したいと思います。

第二に、地域社会の担い手は、自治会のような地縁団体のほかにも、日本人ボランティアや外国人などの市民団体があります。四校連絡会は、〇一年度から地域のボランティア団体との交流を始めましたが、今後、ボランティア団体との連携をさらに図っていくことが重要だと思います。そして、学校、自治会、ボランティア団体の三者の連携や協働の仕組みに発展すればすばらしいと思います。

第三に、上飯田地域では、前述のように、この数年の間に、区役所や市教委の取り組みが大きく進みましたが、両者の取り組みの間には連携が見られません。今後は、区役所と市教委の間での情報や課題の共有化を図ることが、地域の多文化共生を推進する上で有効ではないでしょうか。

〇三年三月、中教審は文部科学大臣への答申で、新しい教育目標を「二一世紀を切り拓く心豊かでたくましい日本人の育成」と定めました。私は、国籍や民族など文化的背景の異なる人々が、互いのちがいを認めながら共に生きる社会の形成をめざした教育こそが、二一世紀を切り拓いていくことを強調したいと思います。

多文化共生社会の形成には、学校と自治会・町内会やＮＰＯとの連携、市民と行政の協働など、地域社会が一体となった取り組みが欠かせません。そのために、全国の学校が、いちょう小学校のように地域社会の拠点として積極的な役割を果たすことを期待したいと思います。

あとがき

この本の出版のきっかけは、二〇〇三年一〇月に四校連絡会が全国のユニークな教育実践を表彰する博報賞を受賞したことにありました。私は、二〇〇〇年秋からいちょう小学校を中心に上飯田地域でフィールドワークを続け、多文化共生をめざした学校と地域の連携について研究を進めてきました。その中で、いちょう小学校やこの地域の様々な取り組みが、今後、外国人の受け入れが本格化するであろう日本社会にとって、先駆的意義をもっているに違いないことを感じていました。博報賞の受賞でそのことをあらためて確信しました。

二〇〇四年六月には、学校が主催する「多文化共生教育フォーラム」という画期的なイベントが行われ、いちょう小学校の実践が全国に向けて発信されました。研究者として、活字の形でその実践の記録を残すお手伝いをしたいと考え、本の出版をいちょう小学校の先生方に提案したところ、ぜひやりましょうということになりました。

実は、私には、いちょう小学校をはじめとする上飯田地域に特別な愛着を感じる理由があります。それは、私がいちょう小学校の隣接校である上飯田小学校の卒業生であることです。私が上飯田地域でフィールドワークを始めた当初、いちょう、上飯田、飯田北の三小学校で何人もの恩師との再会がありました。できれば、地域の四校、自治会、ボランティア団体、さらに行政も含めた上飯田地域全体の取り組みを紹介したかったのですが、それはあまりに大きな仕事になってしまうため、いちょう小学校に焦点を絞る形での出版となりました。学区にいちょう団地の一部を含む飯田北小学校も、多文化共生をめざして優れた教育実践を行っていますが、今回その紹介をほとんどできなかったことが特に残念です。

本の企画の具体化にあたっては、明石書店の黒田貴史さん、また編集作業は田中元次さんに大変お世話になりました。

これまでの四年間、学校教育や日本語の専門家でもなく、もしかしたら怪しい?存在の私を温かく受け入れてくださった、いちょう小学校の先生方、子どもたち、保護者、そして地域の皆さんにあらためて感謝したいと思います。

最後に、私事になりますが、いちょう小学校と実家の間をいつも車で送ってくれた父が、二〇〇三年二月に永眠しました。この本を父に捧げます。

山脇啓造

「外国につながる子どもが過半数を超えた」というと、何か特別な学校のように思われがちですが、本校は、どこにでもある普通の学校です。もし、違いがあるとすれば、支援を要する子どもに必要な支援ができる体制が整いつつあるということです。

担任一人では、十分に子どもの学びを支えることができなくとも、副担任や国際教室担当、少人数指導担当や個別支援学級担当、そして管理職が教室に入ることで、一人ひとりをきめ細かく支援していくことができるようになります。さらに、養護教諭、事務職員、栄養職員、給食調理員、技術員、管理員、学校運営補助員、日本語教室講師などの職員も加わり、安心して学び、過ごせる環境を整えることができるのです。

また、保護者、地域の方々、大学関係者やボランティアスタッフなど外部の方々と協働することで、より多くの目で子どもたちを見守っていくことができるようになります。

外部から支援者が入るということは、学校が常に外部からの評価を受けることになります。時には厳しい評価もありますが、これを真摯に受け止め、改善を重ねることで、風通しのよい「開かれた学校づくり」が少しずつ進みました。

本校は、外国につながる子どもが多いという特色を、「開かれた学校づくり」を進める絶好の機会と捉えてきました。しかし、始めから協働がうまくいったわけではありません。今日に至るまで、職員同士の様々な葛藤があり、外部支援者との行き違いもありましたが、その都度、話し合いを重ね、乗り越えてきました。その結果として、職員同士の協働が進み、「開かれた職員集団づくり」が前進しました。私たち職員は、いつでも、どこでも、誰とでも協働し、国籍の別なく支援をし、「わかる」「できる」「楽しい」と思える授業づくりに努めています。

課題は、まだたくさんありますが、これからも「日本人の子どもも、外国につながる子どもも、共に、安心して、豊かに過ごせる学校づくり」をめざして、職員同士の、また職員と外部支援者との「協働」を進めたいと思います。

最後に、私たち職員の「協働」について振り返る機会を与えてくださった山脇先生はじめ、原稿の執筆を快く引き受けてくださった四校連絡会の関係者、保護者、地域、ボランティア、そして大学関係者の方々に心から感謝いたします。

いちょう小学校編集委員会を代表して

金　子　正　人

資　料

◆いちょう小学校と地域のあゆみ
◆神奈川県における外国人登録者の推移

◆いちょう小学校と地域のあゆみ

	いちょう小学校のあゆみ	地域のあゆみ
一九七一年		いちょう団地入居開始
七三年	横浜市立いちょう小学校開校　校章設定	
七九年		横浜市立飯田北小学校開校 インドシナ難民定住促進センターの開所
八二年	創立一〇周年記念式典・祝賀会	神奈川県が外国人の県営住宅入居を認める（中国帰国者とインドシナ難民の入居条件を緩和）
八三年	横浜市教育委員会「教育課題　児童指導」研究協力校（～八四年）	
八六年	障害児教育推進校	泉区の誕生（戸塚区から分区）
八七年	徳育教育実践推進校（～八八年）	神奈川県インドシナ難民定住援助協会（現かながわ難民定住援助協会）の設立
九〇年	コミュニティスクール開設 親子の体力づくり（～九一年）	餅つき大会に中国帰国者や外国籍住民を招待（第一回交流会）
九一年		神奈川県インドシナ難民定住援助協会が子ども向け学習室を開始
九二年	国際教室（ふれあい教室）設置	
九三年	創立二〇年記念式典・祝賀会	
九四年	地域に根ざす教育推進校（～九六年）	泉区が日本語ボランティア養成講座を開始

九五年	福祉の風土づくり推進校（〜九六年） 日本赤十字研究推進校（〜九六年） はまっ子ふれあいスクール本校施設内に開設	早川氏（現多文化まちづくり工房代表）が日本語教室を開始
九六年		NHKがいちょう団地の「アジア自治会」を特集
九七年		自治会主催の月例住民相談会を開始 団地の広報に初めてベトナム人住民が寄稿 インドシナ難民定住促進センターの閉所
九八年	瀬野尾校長着任 「わがまちの学校づくり支援事業」委託校（〜二〇〇〇年） いちょう日本語教室の設置 上飯田地区四校連絡会の設立 いちょう団地祭りにPTAが参加	神奈川県県営住宅条例の施行 泉区役所に外国人相談窓口設置
九九年	文部省指定「外国人子女教育受入推進地域」（四校連絡会〜二〇〇〇年） 第一回四校児童生徒交流会の開催	泉区が自治会や学校の行事への通訳派遣・翻訳を開始 自治会が神奈川県知事に「外国人入居問題に関する要望書」を提出 団地祭りに初めて外国料理の屋台が登場 TBSがいちょう団地を特集

		交流会（第一〇回、国際交流会と改称）を初めていちょう小学校で開催 多文化まちづくり工房の設立
二〇〇〇年	木村氏がPTA会長に就任 研究発表「外国人児童生徒が共に学ぶ学校づくり」（四校連絡会） 放課後の子どもの日本語教室開設	団地内の有線放送で国際交流会の案内を多言語で発信 第一一回国際交流会で共同生活についてパネルディスカッション開催 中国獅子舞泉の会の設立
〇一年	ユネスコアジア太平洋地域学校外教育事業企画会議の視察 東京学芸大学との協働プロジェクト開始 文科省指定「帰国・外国人児童生徒と共に進める教育の国際化推進地域」（センター校～〇二年） 服部校長着任	第一二回国際交流会で共同生活について意見交換会を開催 団地の広報で初めて外国籍住民特集を掲載
〇二年	福山氏がPTA共同代表に就任 文化庁事業「親子の日本語教室」の開設（～〇四年） 創立三〇周年記念式典・祝賀会 四校PTA交流会が多文化共生の講演会を開催	自治会主催の無料法律相談会の開始 泉区「外国籍等区民対応関係者連絡会」の開催 最後の国際交流会（第一三回）の開催 第一回泉区国際交流祭りの開催
〇三年	「『まち』と共にいちょう小学校づくりを考える会」の設置	フジテレビがいちょう団地を特集 いずみ多文化ネットワークの設立

	文科省事業「学習指導カウンセラー派遣事業」（〜〇四年） 四校連絡会が博報教育賞・文部科学大臣奨励賞受賞 親子の中国語教室開設 名古屋国際センター主催セミナーで服部校長と福山氏が発表	いちょうコミュニティハウスに「国際交流室」開設 いちょう青少年育成協議会が多文化共生の講演会を開催
〇四年	金野校長着任 名古屋市と美濃加茂市で服部前校長と金子教諭が講演 多文化共生教育フォーラム開催 奈良県外国人教育研究会で金野校長と金子教諭が講演	いちょう多文化共生まちづくり懇談会の開催 美濃加茂市自治連合会が団地を視察、自治会・いちょう小学校・泉区と交流

◆神奈川県における外国人登録者の推移

1　神奈川県の状況

一九七五年から二〇〇三年までの二八年間に、神奈川県内の外国人登録者は約三・六倍（四万一二六六人→一四万九〇一二人）に増加しました（表1）。二〇〇四年一月現在の県内の外国人登録者数は、一五万人を超え、県民の約六〇人に一人が外国人登録者という状況にあります。国籍も約二倍（八五ヵ国→一五九ヵ国）に拡大しています（表2）。国別の比率も変化し、日本の植民地支配といった歴史的な経緯をもち、従来から在住していた在日韓国・朝鮮人、中国人に加え、最近は、ブラジル、ペルーなどの日系人、中国人、フィリピン人など、新たに日本にやってきた人々（ニューカマー）の占める割合が増加しています。また大和市内に「大和定住促進センター」が設置されていたことから、神奈川県ではベトナム、ラオス、カンボジアからの難民家族の定住化が進んでいます。

神奈川県の「外国籍児童生徒の在籍状況の調査」（二〇〇三年五月一日現在）によると、神奈川県の公立学校における外国籍児童生徒の数は、小学校三七八七人（うち横浜市一四六二人）、中学校一七六一人（うち横浜市七六一人）、合計五五四八人（うち横浜市二二二三人）となっています。国籍別に見ると、中国（含む台湾）、韓国・朝鮮、ベトナム、カンボジア、ラオスなどのアジアが全体の約六九％と多く、続いてブラジル、アルゼンチン、ペルーなどの中南米が約二七％を占めています。また、そのうち日本語教育を必要としている外国籍児童生徒の数は、小学校で一一八〇人（うち横浜市三九三人…約二七％）、中学校で六〇五人（うち横浜市二八二人…約三七％）となっています。

2　横浜市の状況

開港以来、国際都市として発展を続けている横浜市には、二〇〇四年七月末現在、人口総数約三五五万人に対して、約六万八千人（約一・九％）が外国人登録をしています。国籍別に見ると、大まかな傾向として、中区には中国人、韓国・朝鮮人、フィリピン人などアジア出身者と英米人が多く、鶴見区には韓国・朝鮮人、中国人のほか、ブラジル人やペルー人などの南米出身者が多く、そしていちょう小学校がある泉区には、中国人のほか、ベトナム、カンボジア、ラオスなど東南アジアの人々が集まって居住しています。

表 1　神奈川県における外国人登録者数の推移　（単位：人）

1975年	1980年	1985年	1990年	1995年	2000年	2001年	2002年	2003年
41,266 (100)	41,664 (101.0)	47,279 (114.6)	77,351 (187.4)	104,882 (254.2)	123,179 (298.5)	135,104 (327.4)	141,314 (342.4)	149,012 (361.1)

表 2　神奈川県における外国人登録者の国籍数の推移　（単位：国）

1975年	1980年	1985年	1990年	1995年	2000年	2001年	2002年	2003年
85 (100)	97 (114.1)	100 (117.6)	119 (140.0)	153 (180.0)	154 (181.2)	154 (181.2)	155 (182.4)	159 (187.1)

*（　）内は 1975 年を 100 とした時の指数
神奈川県県民部国際課企画班資料より抜粋（2003年12月31日現在）

【編者プロフィール】

山脇啓造（やまわき　けいぞう）

明治大学国際日本学部教授（移民政策・多文化共生論）。国や地方自治体の外国人施策関連委員を歴任。主著に『歴史の壁を超えて——和解と共生の平和学』（共編、法律文化社）等。

横浜市立いちょう小学校　平成16年度職員

金野邦昭　金山尚子　竹下　護　石田裕美　森　愛子　高橋　亨　大泉恵子
山田　昭　中河原昭夫　中向紀子　鈴木裕子　菊池　聡　武藤美穂
松本美奈子　松谷和子　金子正人　大友裕子　土方直美　石井健一
東　美江　津田ます江　片桐展和　富田春子　時田紘八郎　近藤俊夫
学習指導カウンセラー：齋藤ひろみ　長嶋　清
日本語教室講師：高村京瑛　日野美子　中原　円
運営補助員：香川りか
学習支援者：加藤優子　横溝　亮　原　みずほ

多文化共生の学校づくり【オンデマンド版】
——横浜市立いちょう小学校の挑戦

2005年2月15日　初版第1刷発行
2011年10月15日　オンデマンド版発行

編　者　山　脇　啓　造
横浜市立いちょう小学校

発行者　石　井　昭　男

発行所　株式会社　明石書店

〒101-0021　東京都千代田区外神田6-9-5
電　話　03（5818）1171
FAX　03（5818）1174
振　替　00100-7-24505
http://www.akashi.co.jp

組版／装丁　明石書店デザイン室
印刷　マイトベーシックサービス
製本　マイトベーシックサービス

（定価はカバーに表示してあります）　ISBN978-4-7503-9051-2